凍った脳みそ

後藤正文

序　COLD BRAIN STUDIOができるまで

BECKの『MUTATIONS』というアルバムのジャケットをレファレンスとして美容室に持って行き、ゆるふわのパーマに失敗してから、俺の脳みそは凍ったままだ。

「この人と同じ髪型にしてください」という要望はシャンプー台の排水口からパーマ液と共に下水管へ洗い流されたが、「顔まで似てますね」という美容師の虚言に脳が溶解して、超ポジティブに、すべてがどうでも良くなってしまった。そして、それなりに高額なパーマ代を払い終え、溶解した脳をチャポチャポいわせながら通りに出て、これで俺もBECKじゃ、むきゃきゃ、とひとりごちながら、外気の冷たさで脳が凍ってしまったのだった。

二十歳になったばかりだった。

そんな俺も今年で四十歳になる。

三十歳を過ぎてから、バンドとの関係もなんらかのなんらかをある程度は達成したように感じていた。四人でのセッションは連日のように白熱し、メジャーデビュー後のストレスから生じたフリーズを解きほぐすようなブレイクスルーを二度経て、これだよなという手応えがあった。四人がそれぞれオールを漕ぐことによって、バンドはグイグイと音楽的に前進していた。

一方で、そうした音楽的な満足感とは別に、自ら舵《かじ》を握ってギャンギャンにまわしてみたい、そんな気分が芽生えはじめていた。

というのも、手漕ぎの船は、急な旋回《せんかい》ができない。俺だけ無茶クソに頑張って漕いだとしても、ひどい筋肉痛の割に方向があまり変わらない、というような、安定感というか型というか、そういう性質にはまり込んで、このまま凝り固まって行くのではないかという不安があった。

音楽の大海原《おおうなばら》を自由に航海するために漕ぎ出したはずなのに、ある意味で自由ではなかった。あっちの島とか行こかーといって躍起《やっき》になって漕いでも、それはなんかなー、嫌かもなー、とか言いながら船員がオールを置いてしまう。そうすると船はぐるぐる同じところをまわって、皆が納得する方向が決まるまで全員が漕ぐのをやめる。結果、もと来た航路の延長を蛇行しながら、決められた方向に進むことになってしまう。違う性能の船に乗ってみたいなぁという気持ちが芽生えるのも仕方のないことだ。

よく考えてみると、一度目のブレイクスルーの前は、俺がギャンギャンに舵をまわしていた。そのあとで、徐々に推進力や方向性について船員たちの意見を聞き入れるようになり、俺は船長の役割を辞して、全員でオールを漕ぐ手漕ぎの船に乗りかえたのであった。それ自体が、二度目のブレイクスルーだった。

手漕ぎの船を進めるうちに、船員たちは音楽的にムキムキの筋肉を得ていった。この筋力で昔のような船に乗ったら、もっとおもしろい航海にならないかしら、そういう気持ちになるのが人心の自然な有り様《よう》だろう。

とはいえ、前に乗っていた船は既になく、俺自身も舵の取り方を忘れてしまっていた。新しい船の建造と、舵取りの練習を同時にしなければならなかった。そして、説得力を持って、船員たちに、今日から俺が船長ですと宣言して、受け入れてもらう必要があった。大変な努力が必要だと直感した。

というわけで、俺は船長としての鍛錬と成長のために、コックピット＝作業場を自宅近くに作ったのだった。

数件の不動産屋を回って、九畳くらいの、縦長の事務所用のスペースを借り、作業場作りを始めた。左右は鉄筋コンクリートのビル、二階は量販店の倉庫兼事務所ということで、特に近隣に気を使って防音工事をする必要のない物件だった。

俺は自ら壁に吸音用のパネルを虫ピンで固定し、ぬるいUの字のかたちになるように、布を天井にたるーんと張った。それから業者に連絡し、表通りの騒音が入り込まないように防音のカーテンを取り付けてもらい、ビニールコーティングの床の上に絨毯を敷いてもらった。これでボーカル録音ができるくらいの環境が整った。

次いで、パソコン操作用の机を購入した。一品くらいは気合の入る調度品が欲しかったので、お客様にお選びいただいた一枚板からお作りします、というような、洒落《しゃれ》ているけれど環境にも気を配っているんですという雰囲気の老舗《しにせ》家具店に行き、それなりの金額を支払って、作業用の机を設計してもらった。

数週間後、お前は木だなぁ、と話しかけたくなるくらいいい感じの机が家具店のスタッフによって設置された。

そうなると、机にあった椅子も欲しくなるというのが人間の性《さが》で、これまたけっこう高額なイームズの椅子を通販で買い、ニヤニヤしながら設置したのだった。

届いたデザイナーズチェアは美しい流線形で、代官山のあたりまでキャスターを転がしながらショッピングに出かけたい、あるいは腰掛けたまま港から出港したい、そんな気分になるくらい心地よかった。

高級机とデザイナーズチェアの効果はてきめんで、スピーカーから流れてくる音がいつもより凛《りん》としているような気がしたし、何よりも作業場に行ってキャスターをコロコロしたい、机の天板の木目を眺めていたい、という気持ちが湧き上がって、毎日作業場に出かけるようになった。

そのうちキャスターのコロコロや木目などには飽きて、短いフレーズや楽曲を録り溜めて、デモ音源の制作に没頭するようになった。

作業机やイームズのチェアを愛《め》でながら、三度目のブレイクスルーを果たして完成したのが『マジックディスク』というアルバムだった。我ながら会心の作だった。友達に自分の作品を配り歩く機会があるならばこの作品にしよう、と思えるくらい気に入っていた。

ところが、あまりにもいいアルバムを作ってしまって、ライブで再現するのに人手が足りなくなってしまった。四人でリアルタイムに立ち上げるには、作品のサイズが大きすぎた。

思案の末、フジファブリックの金澤君に助けてもらいながら、全国ツアーを行なった。けれども、現場での舵とりは想像以上に難しく、徐々にメンバーの関係性はギクシャクとし、大喧嘩の果てに、このツアーが終わったら船長の職を辞するだけでなく船から降りようと、俺は日本のヘソのあたりの町で決意したのだった。駅前には金色の信長像が鎮座していた。海のない県だった。

険悪な雰囲気のまま、マジックディスク・ツアーも残すところ数本になり、ストリングス隊とホーン隊を加えた特別編成のリハーサルが佳境を迎えていた。

そして、友人と作業場で熟考した弦《げん》楽器と管楽器のアレンジが良い感じで馴染《なじ》んできた矢先、東日本大震災が起こった。残りの公演はすべて中止になってしまった。俺のバンドからの脱退も中止になった。

作業場は海の近くにあった。その場所は津波だけではなく、大雨でも冠水するような低地で、賃貸契約後に「あの辺は大雨が降ったら水でバチャバチャになりますよ」と、以前から知り合いに忠告されていたのだった。こうした大災害を前に己の小さな損失について考えるのは卑しいことだけれども、数十万円の機材が水没するのは避けたい。ついでに書けば、そういったリスクの他に、そもそも縦長の物件で使いづらい、二階が選挙事務所になることが多い、よって選挙カーの騒音で日中に録音できない、寒い、暗い、などといった問題も抱えていた。

そういうわけで、俺は以前から少しずつ進めていた作業場の移転先探しを加速させた。物件はなかなか見つからなかった。震災前に、空手道場の上階という、どれほどの騒音を出そうとも決して怒られなさそうなスペースを見つけたのだけれど、建物のオーナーである老夫婦が電源の工事をひどく面倒がって、契約直前で話が流れてしまった。

その他にも、コインランドリーの二階、駅の近くの雑居ビル、元焼肉屋など、様々な物件を見学に行ったが、どこも立地条件や賃料、匂い、などの条件が折り合わなかった。

不動産屋との物件巡りを経てようやく辿り着いたのは、以前は魚屋の水槽が置かれていたという地下室だった。

＊

地下室は、商店街と呼ぶには小さいけれども、他人に説明する場合は面倒なので商店街と称してしまいそうな、四捨五入したらギリギリ商店街と呼べる施設の一角にあった。魚屋は既に退居し、上階は弁当屋になっていた。

不動産屋と一緒に木造の階段を降りると、部屋は数字の9の四方を直角にしたようなかたちになっていて、隅にいくつかのテーブルや椅子が残置されており、その上には近所の爺《じい》や婆《ばあ》を集めて手芸教室か園芸教室を行なっていたと思《おぼ》しき、籠《かご》を編むのに使う竹や蔓《つる》、造花などが散乱し、埃《ほこり》をかぶっていた。

角張った9の字の左手前の角の奥には、いかにも急造といった雰囲気の、極小のキッチンと水洗トイレがあった。

地下室にこのような水回りの設備がある場合には、地上への排水を行なうためのポンプと浄化槽が設けられてある必要がある。が、見当たらない。水回りについては俺が仲介を依頼している不動産屋の管轄ではないらしく、別の不動産屋に尋ねるなどして調べてみないと分からないのだと担当者は言った。水道が実際に通っているのかも不明である、とのことだった。

俺は少し不安になった。

というのも、水道管やポンプがないということはキッチンやトイレが使えず、これらはダミー、つまり見せかけの設備ということになってしまう。

水回りの設備の一切は模造であり使うことができない。そうなると作業場に来客などあった場合、説明するのが面倒くさい。トイレは使えないと伝える前に、うっかり客人が大便などをしてしまうかもしれない。でなくとも、使えないトイレやキッチンは非常に間抜けで、そんな無用物を部屋に設置していたらアホだと思われてしまう可能性が高い。アホな人間にはプロデュースもバンドの舵とりも不可能に決まっている。バンドでのヒエラルキーも地に落ちて、コードを巻いたりする仕事しかやらせてもらえない、といった状況にはまり込むかもしれない。

それを避けるためには模造のトイレやキッチンを撤去するなり、水道管やポンプを増設するなりしなければならないが、そうなると余計な出費になってしまう。きっと高額だろう。

この場所はよしたほうがいいのではないか、といった率直な意見が凍った脳内に浮かぶ、というよりは凍土（脳）を突き破って脳天から発芽して、メキメキと葉を茂らせて行くのだった。

水回りについて不動産屋と意見交換をしていると、どういうわけか弁当屋の店主が勝手に室内に入り込んできた。そして、店主は前にここを借りていたヤツは夜逃げみたいに出て行ってしまった、こんな水回りはいい加減な代物で、其奴が日曜大工などで設《しつら》えた素人《しろうと》工事のデタラメ設備であって使えるわけがない、というか、君はここで何をはじめるのか、音楽？　そんなものにこの場所が向いているはずがない、こちらとしてもなんとなく面倒だ、ということを早口で俺に伝えたのだった。

　俺はさらに不安になった。

　この物件がスタジオに向いているのかどうかはさて置き、店主の存在のほうが後々厄介になるのではないか、という疑念が凍った脳内で膨張して、耳の穴から露出しそうになったからだ。

　大家でも管理人でもない上階のおっさんが排他的な態度で接してくる、というだけでも相当なリスクなのに、地下室の中までズカズカと入ってきているのだ。

　思い起こせば、地上階のドアから階段まで続く細長い廊下には、弁当屋のものと思しきポリバケツ、掃除用具、巨大鍋などが無造作に立て掛けてあった。物置として使用していたのだろう。そういう便利なスペースを奪う侵略者として認識されたのかもしれない。嫌な予感がこうして顕現した場面に遭遇するのは、久々のことだった。が、そういったリスクを差し引いても、この物件は居抜きの元焼肉屋などに比べて魅力的だった。

地下室であるということは、音楽を鳴らしたり、録ったりするのに有利だ。隣接する物件は右隣の空室のみ、加えて上階が弁当屋ということで、騒音に対する苦情を考える必要がないし、逆に室内に漏れ込んでくる外部の音も少ない。つまり、派手な防音工事が必要ない。

後日、不動産屋から連絡があった。担当者によれば、水回りの設備は弁当屋の店主から吹き込まれた情報とは異なり、問題なく使用できるとのことで、この種の不安も払拭された。

というわけで、俺は尻の穴に気合を入れて、知り合いの音響設備の施工を専門とする内装業者に連絡し、この地下室の賃貸契約と内装工事を推し進めることにした。改装における様々な条件の確認についても、内装業者に不動産屋との仲介をお願いした。これが結果的に功を奏して、中がグズグズになって黴《かび》が生え、朽ち果てそうになっていた木造の階段の撤去と新設の費用をこちらが負担する代わりに、賃料が大幅に値下げされることになった。東京都内の相場の五分の一くらいの、破格の家賃で借りられたのだった。

浮いた家賃で豪華な内装を施してしまいたいところをグッと堪《こら》えて、必要最低限の内装工事と防音工事を行なった。

角張った9の四角い空洞部分は丸々、広々としたコントロール・ルーム、右手前の細長い柄のようなスペースはギターアンプ置き場兼簡易的な録音ブースとした。階段を降りたところに防音扉を設置し、水回りとスタジオ部分を壁で区切って、トイレやキッチンの流水音が漏れ入らないような間取りにした。壁面や床の塗装は行なわず、合板を貼り付けるだけにしてもらうなど、質実剛健な造りにして最低限の費用に抑えた。

もっとも高額だったのは、他ならぬ階段であった。

内装業者が言うには、弁当屋の厨房の床面に欠陥があるらしく、微少ではあるが水漏れが起きており、放置すると湿気で階段が再びグズグズになってしまうということだった。こちらに過失がないことは明らかなので、弁当屋の店主に掛け合ってもらったが、営業を一日でも休むわけにはいかないらしく、防水工事は不可能という返答だった。

仕方がないので俺の負担で簡易的な防水工事を施し、鉄筋コンクリートの階段を設置した。脇腹をえぐられるような価格だったが、先に書いたように、家賃が減額されることになった。

こうしてコールド・ブレイン・スタジオは開設された。

完成する頃には弁当屋の店主と良好な関係を築くことにも成功していた。

というのも、弁当屋の店主は非常に現金な性格で、こちらの内装工事にそれなりの予算がかかっていることを俺から聞くやいなや、それまでの排他的な態度を一変させたのだった。

「内装いくらかかってんの?」

「×××万円くらいですかね」

このような会話が交わされた後、店主はやや怯《ひる》んでから、それまでの引き攣《つ》った表情を緩め、頑張ってほしいと、チアフルな言葉を俺に投げかけるようになった。それなりの額面に俺の本気や情熱を感じたのもあるだろうし、収入や住居、服装によって人間を判断するといった性質の表れかもしれない。が、とにかく排他的な態度が改まってホッとした。

その後、店主はことあるごとに、一体どんな音楽を作っているのか、儲かっているのか、など、探りを入れてくるようになった。ウチの娘を嫁にもらわないかとまで言い出すようになってしまった。それはそれで恐ろしいのだけれど、ひとまず、特別な悪意は感じられないので、俺の職業についての詳細は打ち明けないまま、ヌルッと付かず離れずの関係をキープしている。

さて、これですべての難が去った。きゃっほーい。ということで楽曲の制作に邁進《まいしん》したいところだけれども、別の角度から問題が立ち上がったのだった。

『凍った脳みそ』目次

序　COLD BRAIN STUDIOができるまで……2

1

白いモビルスーツ……20
リアル・モフモフ……27
カビ反乱軍の最期……34

2

ゴキジェットアマ……42
ゴキブリの身投げを止めるために……49
若者を助け、徳ポイントを貯めるのだ……56
Aから片付けることの面倒とZからのリスク……63

3
機材選びにともなう様々な困難……72
プレーンなオムレツ、プレーンなプリアンプ……79
「マイクは大事である」という話……86
弟子ケイタ……93

4
一点豪華主義……102
痛いシカゴ……109
婆さんがたったひとりで……117
聞いてみるシリーズ（前編）——「カンジェネ」海外レコ……125
聞いてみるシリーズ（後編）——「アカフー」海外レコ……130

5
不味い珈琲……136
飲料水で尻を洗うのは善か……144
四秒の壁……151
6
プロ技くんvs.キューーちゃん……160
顔面ハゼの半魚……168
俺だけのミキちゃん……175
パンクロックなカニかまぼこ……182
あとがき……190

1

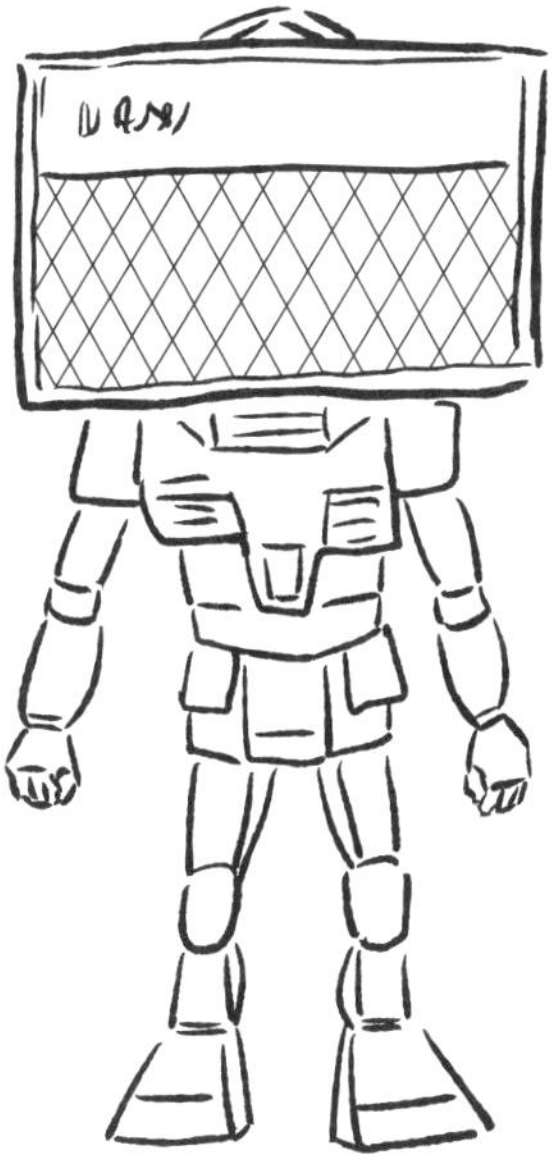

白いモビルスーツ

ようやく完成したコールド・ブレイン・スタジオはとても居心地が良かった。

壁や床には安価な合板を無塗装で使ったけれども、室内は木材の暖かみで満たされており、電気代節約のために点数を減らした照明は程よい明るさの電球色で、落ち着きのようなフィーリングを演出していた。

工賃や維持費を安くあげたいという貧乏性、というか吝嗇《りんしょく》によって選択された極度に簡素な内装は、どういうわけか以前の作業場から使っている木目が良い感じの高級机や、キャスターが気持ち良いイームズのデザイナーズチェアともバッチリ馴染んでいた。設計士と工務店の腕前が良かったのだろう。

さらに最高なのは腰の高さくらいの新しいレコード棚で、天板が机にもなるように設計されており、この棚は入り口付近に設置することによってカウンターにもなった。棚の面はスタジオの内側に向け、背板には大好きなWeezerとOasisのポスターを額装して飾った。

スタジオに入る度に大好きなバンドのポスターが出迎えてくれるのは気分が良い。弁当屋の脇のドアから続く薄暗い廊下と階段を通って、本当にこんなところに音楽的な場所があるのか知らんと自分でも不安になるくらい陰気なアプローチの先に、素敵なポスターの展示がなされていると、薄暗さの中で膨らみかけた虚無や暗黒のような心持ちを、やっぱり音楽ってサイコー！　的な天真爛漫《てんしんらんまん》さが追い払ってくれる。ような気がする。

そして、仮に友人などが遊びに来た場合、格好良いカウンターがおいでませと迎えてくれる。ゴッチはああ見えてなかなか洒落ている、もしかしたらスーツの裏地などにも拘《こだわ》っているかもしれない、やるなぁ、と友人たちの俺に対する評価も何ポイントかアップすることが確実で、尚のこと気分が良かった。

レコード棚の天板の上には、レコードのターンテーブルとミキサーを置くことにした。ターンテーブルをもう一台購入すれば、DJの真似ごとなどもできるかもしれない。オリーブのオイル漬け、プロセスチーズ、生ハム、メロン、プチトマト、ナビスコ・リッツ、などを買い出してきて、ホームパーティーを催すことも可能になるだろう。妄想が膨らむばかりだった。

そうなると、スタジオでの雑務も楽しくなってくる。

デモの制作にとりかかる前に、スピーカーやアンプ、ミキサーなど、機材の正しい設置場所を決定して、コードやケーブル類を繋《つな》ぐ必要があった。

テレビやハードディスクレコーダーのアンテナ配線をやったことがある人はわかるだろうけれど、電化製品の配線というのは世界三大鬱陶《うっとう》しい作業としてユネスコか何かの負の遺産リストに登録されてもいいくらいに鬱陶しい。

これが音楽機材となるとアンテナ配線の数十倍は複雑で、複数の系統の音を同じスピーカーから出すためのあれこれを考えなければならなかったり、そうかと思うと特定の機材に行って戻って来る小姑《こじゅうと》みたいな音を捌《さば》く必要があったり、様々な音や信号の行き来を考慮せねばならず、脳の温度が軽く五度は上がるくらい面倒なのだ。テレビアンテナの配線くらいで絶望してる人は、足の小指の先から溶解してしまうだろう。

しかし、あー面倒くせぇなぁ、テキトーでいいわー、と投げやりな配線をするわけにはいかない。音像がむちゃくちゃになる以前に、そもそも音がまったく出ないということになってしまうので、なんとか成し遂げねばならない。

こうした面倒な作業も、苦にならなかった。

また、通販サイトにて、実際に使いたい長さの倍のケーブルを間違って買うという凡ミスがあり、これまでの俺ならば最低でも三日間は自責と後悔の念に絡まったまま、自宅の居間での虚無的な脱力を経ないと精神が復活しなかったけれど、半分に切って使おうかな、と事態をポジティブに受け止めることが自然とできるようになっていた。

そのまま、ほとんど躁《そう》のような状態でホームセンターに出かけ、工具各種、ネジ、釘、ドリル、結束バンド、などを買って、電気コードやスピーカーケーブルなどが部屋の隅を通って折り目正しくそれぞれの場所まで届くように、トンカントンカン、ギュルルルル、と束ねて床や壁に固定する作業を自力で行なった。自分でも信じられない活力が湧き上がっていた。

永久機関的に、すべてが好転していった。

スタジオの雰囲気が良いと作業が捗《はかど》り、それによってスタジオはさらに居心地が良くなる。そうなるとまた作業が捗る。このまま簡易的な内装と配線だけをしながら生きて行けるかもしれない、そう感じる日もあった。

けれども、自室の内装と配線だけでは収入がまったくなくなってしまうので、どこかでエイヤとエネルギーの向きを音楽に変えて、そのままの回転数でデモ音源などを作るべきだと俺は思った。

そろそろ良いかな、という感じのところでスタジオの整備に区切りをつけて、作曲活動を再開することにした。気分の良さを利用して、びゃんびゃんに曲を書こうと思った。

が、特に作曲のペースが上がったりしなかった。

というのも、別に気分の良い部屋だからといって曲ができるというわけではなかったからだ。「安禅《あんぜん》必ずしも山水《さんすい》を須《もち》いず」という禅語には、瞑想によって悟りのような境地になるには山奥のむちゃんこ綺麗な場所でなければならないってわけじゃない、みたいなことが書いてあるのだと思うけれども、それと似たような感じで、音楽的なパフォーマンスの良し悪しとスタジオの居心地を等号で結ぶことはできないのだ。

雰囲気の良さは良さとして楽しみながら、今まで通り悶々《もんもん》と、良いフレーズやメロディが浮かんだときは嬉々として、音楽活動を行なった。

ただ、やはり環境が影響するなぁと思ったのは、誰にも気兼ねなく爆音でギターを演奏できることだった。9の字の棒の先のところに作った簡易ブースにギターアンプを設置し、マイクスタンドと毛布、吸音パネル、レンガ、などを使って残響を調整しながら、ギターの録音ができるようになったのだ。

これまでのデモ音源制作ではライン入力とアンプシミュレーター、つまり、ギターアンプのある空間を模した環境をコンピューター内で再現する機材やソフトを使って、ギターの音を録音していた。俺は率直にこのやり方があまり好きではなかった。好きではないので、もちろん上達もせず、そうなるとギターの音は悪いままで誰にも聴かせたくなくなってしまい、メンバーにデモ音源を送る際の障壁となっていた。この問題が画期的に解消されたのだった。

最高、最高、俺サイコー。みたいな感じで精神が盛り上がっていった。

凍っていた脳が食べ頃みたいな柔らかさまで溶けてきたように感じていたある日のことだった。

スタジオに着いてドアを開けると、カウンターの右側、9の字の棒の根元のあたりに白いギターアンプが設置してあった。

ほう。これは恐らく、スタッフが新しいアンプを使えと運び込んでくれたのだろう。そういえば、自分のバンドのギタリストが使っているSHINOSという白いアンプのクリーントーンがとても豊かな音色で、日頃から羨《うらや》ましがっていたのをスタッフが察して貸してくれたのかもしれない。これは、中日ドラゴンズが久々に優勝したくらいに嬉しい。お祝いにビールでも買いに行こう。ひとりでビールかけをしよう。と、俺は思った。

けれども、直感的に、なんか違うな、と思った。見たことのある形だな、とも思った。つうか、これ、俺のアンプじゃん、と思った。

そこにあったのは真っ白いカビで覆《おお》われて、白いモビルスーツのような感じになったAC15というVOX社のギターアンプだった。見紛《みまご》うことなく俺の私物だった。スピーカー前部の布地は、カマンベールチーズの皮のように成り果てていた。

リアル・モフモフ

黒いはずのアンプが白い。しかも、びっしりと生えたカビによって白い。このような事態が現前して尚、正気を保っていられる人間は少ないだろう。実際に気が遠くなるような光景だった。

思い起こせば高校時代、野球部の上級生が下級生に礼儀作法を学ばせる、というよりは絶対的な忠誠心を暴力的に育むことを目的に「説教」なるイベントが年イチで開催されていた。電気を落とした汚い部室に下級生を正座させ、とにかく理不尽な問答をふっかけて泣かす、みたいな、ザ・体育会系の記念式典のような催しで、説教の最中に「俺がカラスは白だと言ったら、白だ」と先輩が言えば、その日からカラスは白だった。

もしかしたら、高校時代に受けた精神的苦痛が作用しているのだろうか。黒いものを白いと思い込めという暴力的な圧力に屈した高校時代の記憶がトラウマとして発露し、黒いアンプが白く見えているのかもしれない。けれども、そのような可能性について考える余地はまったくなかった。上級生の理不尽なロジックを引き合いに出すまでもなく、現実的に、アンプは白カビでモフモフになっていた。リアル・モフモフ（白）だった。

どうしてこんなことが起きてしまったのか、俺には理解できなかった。カビについては十分に注意していたつもりだった。

というのも、以前にアジカンの倉庫兼練習スタジオでも同じような事態が発生したことがあったからだ。ツアーなどの理由で、長期間にわたってスタジオを空けている間に湿度が上昇し、室内で結露が起こり、程度は軽かったけれど壁面やギターケースにカビが繁殖してしまったのだった。二度と同じ轍《てつ》は踏むまいと決意して、俺は内装業者にプライベート・スタジオの設計を依頼したのだ。

水漏れでグズグズになっていた階段を撤去して鉄骨の階段を設えたのには、カビ対策の意味合いもあった。キッチンやトイレなど水回りもスタジオの外に出した。そして念のために、カビを使って発酵させたチーズ、加熱殺菌していない生《なま》の醤《ひしお》類、納豆やヨーグルトなどの発酵食品、醸造酒、発泡酒、その他のリキュール、酢やみりんなどの調味料、だけでなく食品全般の持ち込みを控えていた。

それでも、カビの繁殖を止めることができなかった。

どこかカビのことを甘く見ていたのかもしれない。どうせ菌類でしょ、みたいな心持ちで蔑《さげす》んでいたことは否めない。

思えば、この地下室は魚屋の水槽だった過去がある。その頃から大量の湿気が溜まっていて、小型の換気扇だけでは太刀打ちできない湿度だったのだろう。様々な設計上の工夫も虚しく、どこかにカビ軍団の残党が居たり、あるいは新たな胞子《ほうし》を別の場所から持ち込んだりしてしまったのかもしれない。結果、適当な室温と湿度によって爆発的にカビが繁殖してしまった。恐ろしい生命力と執念だ。

アンプ以外にも、壁面が大変なことになっていた。壁の下部に張り巡らされた一〇センチくらいの幅木《はばき》の縁にもビッシリとカビが生えていた。白カビだけでなく、場所によっては青カビも混じっていた。こんなことならば音楽スタジオではなくチーズの貯蔵庫にしておけば良かったと、俺が酪農家だったら思ったかもしれない。赤ワインを欲するような生えっぷりだった。

壁面を見回っているうちに、一刻も早くカビを拭き取らねばという気持ちが溢《あふ》れ出した。後悔というよりは焦りに近い感情でダバダバになって溺《おぼ》れそうだった。

同時に、何もかも燃やしてしまいたい、というような捨て鉢な感情が胸で芽生えた。なぜならば、こんもりとアンプやら壁の幅木に生えたカビが「風の谷のナウシカ」の腐海《ふかい》を連想させたからだ。映画の中では盲《めし》いた老婆が、「胞子がついた樹木は一本残らず燃やしてしまわなければならない」みたいなことを言っていたような気がする。その言葉に従って、風の谷の人たちは悲しみに暮れながら先祖代々守ってきた森を燃やしていた。俺のスタジオも腐海に飲まれたのだ。嗚呼《ああ》、滅びゆく文明よ。谷よ。しかし、どこにも王蟲《おうむ》はもちろんナウシカもいなかった。阿呆なミュージシャンが腐った巨神兵のように絶望しているだけだった。

ひとまず、ギターアンプを階段の上の共有部分に出すことにした。スタジオ内で無闇に弄《いじ》ると胞子が飛び散るかもしれなかったし、何よりカビや汚れを拭き取るための雑巾を一枚も持っていなかったからだ。

俺は雑巾を買うためにホームセンターへ向かった。

ホームセンターは薄暗かった。スタジオが完成した当時は、小躍りしながら買い物のできる楽園のような場所だと思ったけれど、看板や外壁は崩れかかり、園芸コーナーの植物は枯れ果て、内部は閑散として人気がなく、レジ担当のスタッフたちは涎《よだれ》を垂らしながらゾンビのようにうなだれていた。入り口付近には痩せこけた野犬の群れがたむろしていた。そうした妄想に没入してしまうくらい、俺の精神は内側にめり込んで陥没していた。こんなに楽しくない買い物ははじめてだった。

買い物用のカートに一〇枚セットの雑巾を入れて、他にも必要なものがないかと店内をトボトボと歩きまわった。

ショックによって再び凍りついた脳をなんとか回転させて、除菌用のアルコールスプレー、柄のついたブラシ、カビ止めの塗料缶（屋外用）、刷毛、ゴミ袋（大）、ゴミ袋（小）、軍手、食器用洗剤、トイレットペーパー、ボックスティッシュ、龍角散のど飴、などを購入した。買い過ぎてしまった。

自転車で来たことはすっかり忘れていた。そのため、東南アジアかどこかのリサイクル商人、みたいな過積載状態でスタジオまで戻る羽目になった。

半泣きでスタジオに戻って、まずは幅木のところに生えたカビを雑巾で拭き取った。9の字形のスタジオの全面を一周する大変な作業だった。雑巾は青カビの緑と埃で不気味な色になってしまった。雑巾を何度も濯《すす》いだけれど、汚れがまったく落ちなかったので、よく絞ってからゴミ袋（大）の中に丸めて捨てた。

次に除菌用アルコールスプレーを幅木全体にまんべんなく散布した。雑巾で拭いただけでは、単にカビ軍団を塗り広げたことになってしまう可能性があったからだ。気を抜くと一週間くらい後にカビ軍団が再び繁殖をはじめて、室内が腐海に戻ってしまう。そうなった場合、スタジオの存続はおろか、この町で暮らしてゆく自信がなくなってしまうだろうと俺は思った。

幅木に散布したアルコールが蒸発するのを待つ時間を使って、今度はギターアンプの清掃をすることにした。

まずは、アンプを共有部分の外に運び出した。

太陽の明るさで、アンプの状態が露《あらわ》になった。表側だけだと思っていたカビは、スピーカーの裏側や内部にまで広がり、どこから手をつけていいのかわからないくらいだった。それでも、どうにかしなければいけなかったので、まずはドライバーを使って背板のネジを緩めた。

上下に一枚ずつ付いていた背板を外すと、背板の裏には小麦粉をダマのままぶちまけたような感じでカビがへばり付いていて、綿《わた》菓子のようにモフモフしていた。カビじゃなかったら飛び込みたいくらいのモフモフ感だった。アンプ内部の四隅の角にも白いフカフカが繁茂していた。こちらは虫の巣のような見た目で、大胸筋から二の腕にかけてムズムズと痒《かゆ》みが広がるような不気味さがあった。

ひどい有様だった。

ご家族を呼んでください。アンプに家族が居たならば、そう声を掛けたくなるような状態だった。アンプ本人にはとても伝えられないくらい、病としてのカビの繁殖は進行していた。

このまま粗大ごみに出してしまいたい、という気持ちもあった。けれど、大事に使ってきた機材を捨てるのは忍びない。なので、まずは背板から丁寧にカビを拭き取った。そして、スタジオの壁面と同じくアルコールを散布して、天日《てんぴ》に干した。

カビ反乱軍の最期

滅菌するために天日に干したギターアンプは、日光の熱によって熱々に温まっていた。ぬくぬくとスタジオ内で繁茂していたカビ菌たちもさぞや驚いたことだろう。

井の中の蛙《かわず》ならぬスタジオ内の菌類である君たちには知る由《よし》もないことだけれども、ここから約一億四九六〇万キロメートルという途方もなく離れた場所に、ギャインギャインに燃え盛る水素とヘリウムでできた天体がある。当たり前だけれども、君たち菌類の想像する一般的な熱さの、百万倍は熱い。我々人類でも日向《ひなた》に一日出ていたら、肌が赤く腫れ上がるくらいのパワーで、その熱エネルギーや光エネルギーを人類の暮らしに役立てよう、というような試みも世界各地で行なわれ、圧倒的なエネルギー量によって大成功を収めているのだ。しかも、ほぼ無尽蔵ときている。恐ろしさと有り難さ、そういったアンビバレントな要素を持つ天体なのだ、太陽は。ゆえに、場所によっては信仰の対象になっている。

覚えておきたまえ。そして、人類の辞書には「盛者必衰」という言葉があるのだよ、カビ諸君。菌類の天下もこれまでだ。君たちの残党がまだ我が軍の根城に潜伏し、謀議《ぼうぎ》を重ね、復活の機をうかがっていることを我々は察知している。誠に無慈悲なことではあるが、我が軍は君たちを殲滅《せんめつ》せしむるべく、ここにアルコールの再散布を宣言する。投降する者はスタジオの外に出たまえ。と、俺はつぶやきながらスタジオ内に戻って、スタジオ壁面の幅木にもう一度、アルコールスプレーを散布した。

これがコールド・ブレイン・スタジオ史に残るカビ反乱軍の最期であった。

大事をとって、屋外用のカビ止め塗料を幅木に塗りつけることにした。買ってきた塗料はなにしろ屋外用なので、カビを抑え込む効力が桁違《けた》いだろう。それを俺は贅沢にも、室内に塗布《とふ》するのだ。むひひ。

俺は透明な塗料を刷毛にたっぷりとつけて、スタジオ内の幅木をぐるりと塗装してまわった。低姿勢をキープしなければならない重労働だったが、これでカビ害に遭わずに済むと考えると、とても清々しい気持ちになった。あまりに清々しいので二度塗りしてしまった。

その後、屋外に出て、天日に干してあったギターアンプのところへ行き、二枚の背板をアルコールで丁寧に拭いてから、カビ止め塗料をまんべんなく塗った。そして、配線やスピーカーに気をつけながら、ギターアンプの内外の木製部も同様に塗装を施して、背板を元通りに取り付けたのだった。

しかし、カビ菌だけでなくギターアンプも、まさか天日に干されるとは思わなかっただろう。大体、ギターアンプを天日に干して良いのか悪いのか、というところを俺は知らない。もしかしたら、説明書に「天日に干さないでください」と書いてあるのかもしれない。段ボールの外箱に「天日無用」と赤い字でプリントしてあったような気もするし、プリントしてなかったような気もする。そんなことはまるで気にせず、外箱は造作もなく廃棄してしまった。

製造物責任（ＰＬ）法という法律ができてからというもの、炬燵《こたつ》をひっくり返して餅を焼いてはいけません、みたいな、特別に書き記さなくても一般常識を持ち合わせていればやらないことまで説明書に記されるようになった。

それでも「本体は食べられません」と炬燵の説明書には書かれていないだろう。ということは、アンプメーカーが、ギターアンプは食べ物ではない、という当たり前の事柄と同様に「天日に干す」という行為を捉えて、そんな阿呆はいるはずがないと説明書や外箱に「天日干し禁止」を明記していない可能性がある。つまり、説明書に表記されていなかったとしても、少しも不安が解消されないということに俺は気がついた。

次いで、説明書はとうのむかしに読みもしないで捨てたことを思い出した。ギターアンプの使い方など、プロのミュージシャンである自分にとっては感覚だけで如何様《いかよう》にもなるものなのだ、説明など要らぬわ、ぐへへ、という慢心の為せる業《わざ》だった。

俺は蕩《とろ》けるチーズが蕩けるくらいまで温まったギターアンプを階段前の廊下に運んで、煮物の粗熱を取ってから冷蔵庫にしまうような感覚で、しばらく置いてからスタジオ内に戻した。そして、とても不安な気持ちになった。

灼熱の太陽の光で、ほかほかを通り越して熱々になったギターアンプは元通りに音が出るのだろうか。回路がショートするなどして、電気を通すなり爆発するという可能性も考えられた。恐ろしい。

そういった事故の可能性を知りたいが、肝心の説明書がない。こういう場合はメーカーに問い合わせるしかないだろう。

ところが、VOXというアンプはイギリスの会社が製造している。日本での販売はシンセサイザーなどで有名なKORGという会社が代理店になっていた。

　つまり、俺はKORG社に電話をすることになる。まずは電話受付の方に用件を聞かれて、わけあってアンプを天日に干したのだけれども元通りに使えるのか知りたい、ということを伝えねばなるまい。すると、電話受付の方はアンプのプロフェッショナルではないので、担当にお繋ぎします、ということになる。俺は、トラブルシューティングの担当者が受話器を取るのを待つ。その間、KORGの社内はザワザワするだろう。なぜならば、アンプを天日に干す、みたいな行為には前例がなく、どの部署に問い合わせていいのか電話受付の担当者には判断ができず、隣の席の同僚、事務員、係長や課長といった上司、などに尋ねるからだ。「天日に干すなんてバカじゃん」みたいな正論を言い出すヤツがいたり、なかには俺のことを嘲笑する輩《やから》も出たりするだろう。即座に電話を切るべきだと進言するアルバイト社員が現れるかもしれない。そんな状況を想像しながら担当者が電話に出るのを待っていれば、俺の精神は内側にめり込んで、永久凍土のなかで氷漬けにされたマンモスのようになってしまうだろう。

　アンプに残る太陽のぬくもりとは裏腹に、冷たい妄想に捉えられた俺の脳みそはキンキンに冷えてゆくのであった。

悪いことは重なるものなので、電話で問い合わせても、散々待たされた挙句にKORGの社員では天日干しの可否について判断がつかない、という結果になるのではないかと俺は思った。

なにしろ、件《くだん》のギターアンプはKORG社製ではない。自社製品でもないアンプについて、天日に干しても大丈夫か、という奇矯《ききょう》な質問を受けても、アフターケアの担当者は答えようがないだろう。俺の質問は様々な部署をたらい回しにされて、代理店である我が社では手に負えない案件なのでVOX本社にお問い合わせください、ということになるはずだ。

仕方がないので、面倒だけれどVOXの本社に電話してみよう。

しかし、俺は英会話がそれほど得意ではない。海外のバンドと共演したり、一緒にスタジオに入って録音をしたりという機会が過去に何度かあったので、物怖《お》じせずに話しかけるくらいの度胸は持ち合わせているが、これが電話となるとハードルがうんと上がる。ハードルだと思っていたら棒高跳びでした、というくらい、相手の顔が見えない英会話は難しい。これはまずい。

となると、語学に秀でた友人に事情を説明して、代わりに電話してもらうしかない。

ところが、スタジオを数週間放ったらかして置いたらカビがガビガビに繁殖してしまい、どうにもならなくなったのでギターアンプを天日に干した、ということを友人に伝えた場合、この人は馬鹿なのかしらと思われて関係が途絶えてしまうかもしれない。

参った。ただでさえ少ない友人が、さらに減ってしまうのは困る。

破れかぶれになった俺は、ええい、と、ギターアンプを電源に繋ぎ、ギターから伸びるシールドをアンプのジャックに差し込んで、アンプのスイッチを入れた。アンプは爆発しなかった。

弦を目一杯に弾くと、ジャリーンと、乾いた和音がスタジオいっぱいに響いたのだった。

2

ゴキジェット　アマ

カビ問題が解決した後のスタジオは、平穏な空気で満たされていた。

心置きなく深呼吸ができるということは素晴らしい。

いろいろな国にツアーで行ったけれども、日本はおおむねそれらの国に比べても清潔感があり、「水と空気はタダ」と言われている。ところが、部屋の中にカビの胞子が舞っているかもしれない、今週はPM2・5がすごいらしい、建物の土壁がめくれてアスベストがむき出しだった、完全にあいつ屁をこいたよね、などという心配ごとがある場合には、深く息を吸い込むことが躊躇《ためら》われるだろう。

普段はそうした懸念材料とは無縁で、水も空気もガバガバ飲んだり吸ったり吐いたりして暮らしていても、ふとした瞬間に問題の当事者となって、なんだか息をするのが辛いだなんてことになってしまう。カビ問題の真っ只中にあった俺は、実際にスタジオ内で伸び伸びと呼吸をすることができなかった。

今はどうだろう。

南アルプスのなんらかの山の頂の空気のようには澄んでいないかもしれないけれど、安心という概念がプラシーボのように精神に効いて、空気中に浮遊しているカビの胞子への警戒心は雲散霧消《うんさんむしょう》、何も考えずに息をしている。というか、そもそも息というのは何も考えずにするものであって、息をしていることを意識するとなんだかぎこちなく、妙に息苦しくなってしまうのだという当たり前の事実を捕まえて、独りドヤ顔をキメられるようにまでなった。スー、ハー。美味しいなぁ、空気。

ことさら意識したことはなかったけれど、階段やキッチンのあたりの空気もなんだか美味いじゃないか。トイレのあたりとなると思いっきり吸い込むことはできないが、概《おおむ》ねスタジオ内の空気は清浄だ。幸せだなぁ。機会があったら、皆も存分に吸うてください。お、階段下の黒くて小柄な君も遠慮なくどうぞ。なんだ、君は虫か。なんという虫かね。つうか、死にかけじゃないか、君は。大丈夫かね。虫の息とはこのことか。つうか、ゴ、ゴ、ゴ……。ショックなので以下、割愛。うむ。

ちょっとホームセンターに行ってきます。

というわけで、一難去って、また一難。俺はホームセンターにえっちらほっちら自転車で向かった。そして害虫駆除コーナーでゴキブリ用殺戮《さつりく》兵器をあれこれ物色した。

目に飛び込んできたのはアース製薬が販売している『ゴキジェットプロ』だった。昆虫を殺戮するための殺虫スプレーであるにもかかわらず、緑のボトルカラーというところに少しの狂気を感じる。緑というのは自然を連想させる色だ。一方で、例えば「床一面に広がった緑色のゼリー状の液体」と書くと毒々しさがある。ゴキブリとはいえ人間よりも自然界に近いと言える昆虫への贖罪《しょくざい》や鎮魂だけでなく、相反する毒々しさ、戦闘服、そういった連想を含めて緑のボトルカラーが選ばれたのだろう。ゴキブリへの愛と憎しみ。アンビバレントな感情がこじれ上がり、最終的に殺意に着地したようなパッケージに見えてきて、背筋が妙に冷たくなった。

よし、ここはひとつ『ゴキジェットプロ』を購入しよう。

俺はむんずと緑のボトルの殺虫剤を掴んで、買い物カートに放り込んだ。が、放り込んだ側から不安になってしまった。

名前からして、この殺虫剤が強力であることは想像がつく。「ゴ」と「ジ」の濁音に力強さが宿っている。命中すれば、たちまちにゴキブリを絶命させることが可能だろう。

ところが、どうにもボトルに書かれた「プロ」の文字が気になる。もしかしたら、プロユースの殺虫剤かもしれない。そうなってくると、俺の殺虫技術と知識では扱うことが難しいだろう。ガスマスクなどの装備品も必要になってくるはずだ。

いやはや、危ない間違いを犯すところだった。『ゴキジェットアマ』にしよう。そう思って店内をくまなく探した。けれども、アマチュア用の『ゴキジェット』はどこにも見当たらなかった。

仕方がないので、iPhoneでアース製薬のウェブサイトを閲覧することにした。

トップページを訪れることもなく、検索結果のページに「家庭用殺虫剤」という項目へのリンクが表示されていた。なんという便利な時代だ。あとは、このサイトで該当する商品を見つけて、店員に商品棚の場所を尋ねればいいだけだ。

リンク先のページを開くと、今度は用途を選択するメニューが表示された。ハエ・蚊用、コバエ用、虫よけ用ときて、四番目にゴキブリ用の文字があった。俺は迷うことなくゴキブリ用をタップした。すると驚いたことに、真っ先に『ゴキジェットプロ』が表示されるではないか。家庭用殺虫剤のページなのに、プロユースの商品が表示されていた。

アース製薬、やっちゃったのかな。リンクのミスかな。担当者はこってりと絞られるな。そういう気持ちが湧き上がるかと思いきや、瞬時に誤っていたのは自分だということに気がついた。『ゴキジェットプロ』の「プロ」はプロフェッショナルしか使ってはいけないという意味ではなく、プロフェッショナルが使うような殺虫剤をアース製薬が家庭用に改良しましたので存分に各家庭でお使いください、という意味だったのだ。

なるほど。それは心強い。

俺はもう一度棚から『ゴキジェットプロ』を取り、買い物カートに入れた。ついでに、『コンバット』という戦闘的な名前の殺虫薬も購入することにした。「ゴキブリには巣がある」という言葉をテレビのCMで聞いたことがある。問題は根本から、巣ごと解決しなければ、その場しのぎになってしまう。

俺は意気揚々とスタジオに戻って、階段下で半死状態のクロゴキブリ目掛けて、『ゴキジェットプロ』を噴射した。強力な噴射力によってゴキブリは数十センチ先の壁まで吹き飛び、そのまま仰向けになって絶命した。虚しいような、悲しいような、なんとも言えない気持ちになった。

そして、心の底から、何なんだよオマエ、というような気持ちを熟成させたような、嫌悪の塊のようなフィーリングが溢れ出した。

大体が虫というのはフォルムが気持ち悪い。骨格が外側にむき出しになっている構造も恐ろしいし、呼吸色素が脊椎動物と違うので血が透明、または青いという事実も、負の心証に拍車をかけている。

これが犬などの哺乳類、あるいは鳩などの鳥類だった場合、俺はホームセンターに殺犬剤や殺鳩剤を買いに行って噴射する、というような行動には出なかっただろう。構造からして自分とはどこも繋がっていないと感じる昆虫ならば、このように嫌悪感だけを頼りに殺傷することができる。罪悪感もまったくない。むしろ、闖入《ちんにゅう》してきた貴様らが悪い、とすら思っている。

身勝手なことだけれど、昆虫が人間の形をしていなくてよかった。

そう思った側から、昆虫型のエイリアンと人間の対立を描いた映画「第9地区」を思い出した。人型の昆虫が階段下で蹲《うずくま》っていた場合、俺はどうしただろうか。恐怖のあまり失禁したかもしれない。

そんなことを考えながら、俺はビニール袋に手を突っ込み、何重にも重ねたティッシュと一緒にゴキブリの亡骸《なきがら》を摑んで、そこからビニール袋を裏返して、口を固く結んでゴミ箱に捨てた。

しかし、餌になるようなものが皆無である俺のスタジオに、どうしてゴキブリが現れたのだろう。階段の下ですでに彼は虫の息だったわけで、それは率直にこのスタジオに食物がないという事実を表していると思う。

思い当たるのは、上階が弁当屋であるということだった。

特段、衛生的な問題を抱えていなくても、飲食店に茶色や黒色の昆虫はつきものなので、今後も時折彼らの侵入を許すことになるかもしれない。それだけは避けたいなと思いながら、俺は『コンバット』をドアから階段まで続く廊下の四隅と、階段下とキッチンのコーナーに設置した。

ゴキブリの身投げを止めるために

据え置き型の殺虫薬を設置してからも、ゴキブリの通路への侵入がしばらく続いた。頻度はそれほどでもなかったが、時折、瀕死もしくは絶命したゴキブリが階段下でひっくり返っていた。

俺のスタジオである地下室は、「どうしてこんなところに地下空間があるのか」という場所にある。

盛り土を忘れた市場の地下空間よろしく、商業店舗の並ぶ施設に地下スペースがぽっかりとあって、借り手の側が階段を自費で設置しなければ使いようがない。まったく不便極まりなく、はじめから誰かに貸すつもりがあったとはとても思えない物件なのだ。公共施設の一部だとしたら、市や区の議会が紛糾したことだろう。

この物件が無用であることを表すように、同じ構造である隣の部屋は長年にわたって借り手が見つかっていない。階段を設置しなければ、廊下の途中からズドンと崖《がけ》のように階下に落ち窪んでいる謎の地下室といった感じで危険なのだ。

前の賃貸契約者も例外なく、D.I.Y.で木製階段を設置していた。その階段も水漏れと地下の湿気にやられてグズグズになり、仕方なく俺が自腹で鉄骨製の階段を新設したのだった。入居コストの面から考えても、かなり問題がある。

階段を作り直す際に、俺は経費削減のために手すりを作らなかった。廊下の幅のまま地下まで階段が下って行く構造ならば、手すりの必要性を考えることはなかっただろう。けれども、弁当屋キッチンからの水漏れによる壁の腐食を防ぐために、階段の右側に約五〇センチ幅のスペースを設ける必要があった。つまり、階段を下りるにしたがって右側に地下空間が広がっていくような造りにしなければならなかったのだ。

当初の見積書には、階段右側への無用な転落を防ぐために、手すりの値段がきっちりと書き込まれていた。ところが、問題は見積書の手すりの欄に書き込まれた十数万円という価格だった。そのお金があれば、何らかの音楽機材を買うことができるではないか。ということで、吝嗇な俺は手すりの設置を見送ったのだった。

この選択によって、階段付近の崖感が増してしまった。

階段が木造だったころは、階段下のスペースが階段そのものによって丸ごと潰れて目隠しされ、地下に至るまでのアプローチがなめらかに演出されていた。一般的な階段のように両側を壁に挟まれていたので、昇り降りに特別な感情が発生することはなかった。

それに対して、俺が行なった改修工事では、地下階まで斜めに下ろされた鉄骨の支柱に鉄の横板を溶接して段を作っているため、階段全体が開いた魚の骨のような構造になっていて、階下の床面が少し見える。そして、先に書いたように右には転落しそうなスペースがあり、否応なく高さを意識してしまう造りになっていた。

足を踏み外した場合を脳内でシミュレーションしてみたところ、咄嗟に右側に伸ばした右手はすすべすべのモルタル壁面を滑り、顔面から逆さまに転落して床面で痛打、合わせて左側の膝や肩肘などの関節を階段面の角に引っ掛けて裂傷を負い、悪い場合には各所を骨折、という可能性が考えられた。ほとんど断崖だった。

このような崖構造が瀕死のゴキブリたちを呼び寄せているのかもしれない、と俺は思った。エイヤと飛び降りるには丁度いいのだろう。その証拠に、彼らは決まって一番上の段の真下に、身投げでもしたかのように転がって死んでいるのだ。

節足動物たちの間で噂になっているのか、ゴキブリだけではなく気味の悪い地蜘蛛《じぐも》が階下で餌を物色しているところを目撃するようにもなった。幽霊蜘蛛のような、何を栄養としているのかさっぱりわからない激ヤセ蜘蛛が死に絶えず、階段下に巣を張っていられるのも、身投げゴキブリの栄養素によるものかもしれない。

当然ながら、死んだゴキブリたちの霊魂は地縛霊《じばくれい》として、俺のスタジオを彷徨《さまよ》うことだろう。自死するくらいだから、今生《こんじょう》への恨みや後悔は相当に深い。一匹や二匹分の霊障ならばなんとかなるかもしれないが、このまま放置すると三年後くらいには突然機材の電源が落ちたり、妙なラップ音やノイズが録音に乗ったりして、作業がままならなくなるだろう。偉いお坊さんを呼んで除霊してもらわないといけなくなるかもしれない。

そうなる前に解決方法を考えなければならなかった。

人間のやり方を模倣するならば、身投げを踏みとどまらせるような立て札を設置するだとか、無料のカウンセリングを行なうだとか、いろいろとやりようがある。ところが、相手が昆虫なので、もちろん言葉が通じない。打ち明け話に付き合ったり、ハグしてあげたりという方法が採用できない。何より、俺の心には昆虫に対する慈しみのような気持ちはこれっぽっちもなく、嫌悪とか、迷惑とか、そういったネガティブな感情しか存在していなかった。

だとすると、「侵入させない」という排他的な方法を採用せざるをえない。

ゴキブリや地蜘蛛たちはどこから侵入してくるのだろうか。エアコンのダクト、換気口、排水管の隙間、彼らの侵入経路に相応《ふさわ》しい薄暗くてジメジメしている場所を思い浮かべたが、どの場所も決め手を欠いていた。

というか、はっきり言えば、最初から一階廊下の入り口一択だった。

入居時から気になっていたことだけれど、入り口の鉄扉はサイズが微妙に小さく、床とドアの間に一センチほどの隙間ができていた。そこから風とともに落ち葉などが大量に吹き込んで、定期的な掃き掃除を余儀なくされていたのだった。落ち葉などが吹き込むくらいだから、薄っぺらい昆虫や節足動物が自由に往来できるのは当然のことだろう。そんなことは火を見るより明らかだった。

これもお前の吝嗇が原因だろうと思われるかもしれない。けれど、鉄扉の件については声を大にして、あるいはフォントをボールド体（太文字）にして言いたい。**俺は入居のときに鉄扉の付け替えを強く希望したのだ。**

ところが、建物の外部へと接する鉄扉は共有部分であり、それぞれが思い思いのデザインを採用すると、ある店はファンシー、またある店はゴシック風、その隣がアールデコ調と、建物の外観に統一感がなくなってしまう。そうなると、商店街としての統率が取れていないように映って、深刻な顧客離れが起きる可能性が高い。たちまちシャッター街と化すだろう。したがって、ドアの付け替えは管理会社の許可が下りない可能性が高い。仮に許可が下りたとしても、退去の際に現状復帰の義務が生じるので、撤去した鉄扉を保存しておく必要がある。取り外したドアをスタジオ内や通路に置くのは困難で、ドア交換の追加工事費がかなりかかる。と、設計会社の担当と所属事務所のマネージャーは主張した。

そうした意見を取り入れて、俺は渋々、入り口のドアの付け替えを断念したのだ。

やはりドアの付け替えが必要だったではないか。俺は誰かにぶちまけたい気持ちを数本の紐で自転車のサドルに括り付け、ガラガラと引きずりながらホームセンターに向かった。脳はカチコチに凍っていた。

辿り着いたホームセンターは以前にも増して荒廃していた。

床にはヌチャヌチャとした粘着剤が敷き詰められ、全身に黒や茶色の衣服を纏《まと》った人々が絡まってもがいていた。ミイラ化した買い物客も転がっていた。そういった幻視の真ん中の、粘着面の脇を通って木材売り場に行き、短く切られた二センチ角の角材を数本と屋外用の両面テープを買い物かごに入れ、レジに並んだ。店員の頭部からは触覚が生えていた。

そして、這《は》いずるような心持ちでスタジオに戻り、短い角材を両面テープで鉄扉の下に貼り付けたのだった。隙間は完全に塞《ふさ》がらずとも前よりはマシになったが、心配だったので、藁《わら》人形に五寸釘《ごすんくぎ》を打ち込むときのような気持ちを込めて、ゴキジェットプロを角材に噴霧した。

角材に染み込んだ殺虫剤の匂いに反応したのか、それからピタリとゴキブリの侵入は止んだ。が、数カ月毎に噴霧しないと効果が切れてしまうことも次第に判明した。落ち葉の吹き込み量は減ったけれど、完全に防ぐことはできなかった。

若者を助け、徳ポイントを貯めるのだ

スタジオの移設にまつわる様々な問題も一応の解決を得て、日々の音楽作業は順調に進んでいた。

地下のプライベート空間は、大きな音でレコードを聴いたり、作りたてのメロディを大声で歌い試したり、親の仇《かたき》でも討つかのように金属弦を掻《か》きむしったり、打楽器を叩き狂ったり、ということを誰に気を使うことなく存分に行なえる夢のような場所に仕上がった。

けれども、俺はスタジオの移設、というかコールド・ブレイン・スタジオの新設にあたって、この夢空間とでも呼ぶべきスペースを独り占めする気がなかった。

なぜならば、このような夢空間を独り占めすると大小様々な祟《たた》りや罰《ばち》のような災いに見舞われることは、「まんが日本昔ばなし」などを観れば明らかで、空間そのものだけでなく金銭や機会などを含めて仲間たちとシェアしたり、若いミュージシャンに無償で貸し与えたりしないと、大きなつづらを選んだ意地悪爺さん的な罰にまみれて、俺の人生が崩壊してしまうような気がしたからだ。

とはいえ、罰が当たるから、祟られるから、という己の損得のみに依拠した自分本位な心持ちで他人にスタジオを貸していると、これまた神罰や仏罰といった手に負えない大きな災いを呼び込むことになるだろう。徳を積むための寄付や寄進も、己の徳を意識して行なえば、それはポイントカードにポイントを貯めて安く買い物をしよう、というような気持ちと何も変わらないわけで、徳などが得られるわけがない。ましてや、徳はポイントのように貯まるものではないし、災いについてもポイント制によるペナルティではない。

では、どうして行けばいいのか。

それは、とても難しい。俺のような俗人が聖人かマザー・テレサかのように振舞って、持っているものをすべて投げ出して他人の利益になりたい、みたいな発想を持つこと自体に無理があるし、無理があるからこそ驕《おご》り高ぶりのような匂いも発生する。もしも俺が神であるならば、そのように聖人ぶっているヤツから真っ先に神罰の対象とするはずだ。俗人である俺の場合は、何らかの利益を自分でも得ることを目的にしなければ、精神と生活を保ちながら健やかに暮らして行くことは不可能なのだ。

ところが、利益を金銭で設定すると、最初に書いたように、「まんが日本昔ばなし」的な祟りの対象になってしまう。何より、友人知人に金銭を請求するのは気が引ける。友情にヒビが入るかもしれない。

じゃあ、他人に貸そうかな。と言っても、俺にはスタジオ経営などを行なうノウハウも商才もなく、そのようなことを行なえばかえって借金が増えて、せっかく作ったスタジオを閉鎖しなければならなくなるだろう。あるいは本格的に他人に貸さないと立ち行かないような状況に陥って、肝心なときにスタジオを使えない、というようなことになってしまうかもしれない。

ということで、俺は凍りついた脳みそをどうにか捻《ひね》って、金銭以外の、経験値のようなものを収益とみなして、このスタジオを使って行くことに決めたのだった。

自分でも使うが、仲間にも無償でバンバン貸す。そして、その場に参加することで、機材の使い方や音楽制作における経験値を得る。金銭的には儲からないが、得るものがある。有り余る。なんとも俗人らしい選択でいいじゃないか。うむ。

そんな運営理念のもとで作業をしているうちに、思いがけず「この間、二十歳になりました」というような若手ミュージシャンと知り合った。

動画サイトにアップされていた彼らの楽曲は素晴らしく、生意気そうだけれども、同時にとても面白そうな人たちだったので、近所にある「便所が死ぬほど臭い中華料理屋」に呼びつけて、美味いか不味いかの判別の難しい炒飯や野菜炒めなどを食べさせながら詳しく話を聞いてみることにした。

彼らは、自主制作のCDを作って自分たちの手だけで売りたい、独立独歩で音楽的な革命を起こしたい、という野望を抱いているようだった。全国チェーンのCDショップが気に入らないというよりは既存の音楽業界全体が持っている閉塞感や権威的な雰囲気が気に食わず、誰の手も借りずに自分らの手で切り開きたい、世の中をひっくり返したい、ということを、語尾に「ッス」をつけながら熱く語ってくれた。わかるような、わからないような、何とも言えないところもあったが、とにかくお金はないけれど意欲だけは配り歩くくらいある、というところに感心して、この人たちの録音を手伝うことにしたのだった。

二十歳くらいのころは何かに対して怒っていて当然だし、大言壮語を投げ歩くくらいのほうがミュージシャンとしては将来性があるように思う。きちんとした将来設計をしつつ、誰にもムカつかず、余暇を音楽に当てて堅実に進んで行きます、というような若者だったら、俺のところにはやってこない気もするし、「生産性のない自作のゴミ」かもしれない創作物を拵《こしら》えたりはしないだろう。もっと計画的で誠実な何かを作る仕事を選ぶと思う。何より、前者のほうがロックミュージシャンとしてチャーミングなような気もする。そう思ったことも、彼らの仕事を引き受けた要因ではあった。また、さまよえる若人を助けることで、徳ポイントが貯まるような気もした。

実際にスタジオで作業をしてみると、彼らは思っていたより三倍ほど生意気だった。俺が積み上げてきたギターサウンドに対する知識と経験にはあまり耳を貸さず、自分たちの感覚だけが頼りなのだという様子だった。

「もっとモコモコした虎、みたいな音にしたい」というような不思議な比喩はともかく、「違うッスねー」「そうじゃないッス」という遠慮のない指摘こそ創作には必要不可欠だ。こちらの言いなりでは先が思いやられる。けれども、歳が半分くらいのヤツらに否定的なことを言われると、誰でも内心ではイラッとする。俺があと十歳若かったら、蹴りのひとつもくれてやったかもしれない。けれども、ここでキレたりすると、せっかく貯まりつつある徳ポイントが落ちて祟られるので、俺は努めて朗らかに録音を進めた。

生意気なところに目をつぶれば、若人たちとの仕事はとても新鮮だった。ジェネレーションギャップというか、カルチャーショックのようなものも受けた。

例えば、彼らがほとんどの楽器とボーカルの録音／編集をiPadで行なっているということには、とても驚いた。

俺の若い頃は、どうやって楽器の弾ける仲間を集めるのかということが、音楽活動の最初にぶち当たる壁だった。次いで、楽器やエフェクターといった機材を買い集めることが、作る音楽のクオリティにも直結していた。録音機材の前に、演奏するための機材にお金がかかった。ところが、自分が若い頃に悩んだ問題のほとんどが、iPadとアプリケーションによって解決されていた。

自分の作品を世の中に問うためのインフラも、俺が二十歳だったころとは隔世の感がある。たった3メガバイトの音源ファイルをアップロードするのに何時間もかかった時代のことなど、そのうち思い返されもしなくなるだろう。「デジタル・ネイティブ」だなんていう言葉もあるけれど、当たり前のように、若い人たちは身の周りにあるものを手にとって、何かをはじめる。そこにインターネットとアプリケーションがあるのだから、それを使って、自分たちの手で発信する。とてもシンプルなことだ。けれども、そのシンプルな事実が、とても羨ましいと俺は思った。

音楽を作る上で「これこそが正しいのだ」という方法や作法は、多分、存在しない。けれども、同じ場所に長くいると、ある種の慣習のようなものにアイデアを巻き取られてしまう。そして、その慣習の中には「なるほど」と思えるような正しさも確かにあって、それを無視することはできない。例えば、美味い白菜の生産に必要な技術は、やはり白菜を作るときには必要だ。ただ、注意しなければいけないのは、「俺たちが作っているのは野菜である」というような大きな視点を、白菜作りに熱中している間に忘れてしまいがちだということだ。

iPadとアプリケーションも、俺が鍬《くわ》でえっちらほっちら耕している側を、トラクターに乗った若い農家がブイブイとエンジン音を立てて過ぎてゆく、みたいなことかもしれない。あるいは、単なる環境破壊かもしれない。それは、時間が経ってみないとわからない。

そんなことを考えながら、俺は徳ポイント以外の何かを得たのだった。

Ａから片付けることの面倒とＺからのリスク

楽曲制作が順調に進むくらいには環境の整ったコールド・ブレイン・スタジオではあったが、部屋の隅にはまだいくつかの段ボール箱が荷を解かれぬまま転がっていた。

中身は大量のＣＤだった。

そんなものは直ぐ様にガムテープの封を剝《は》がして、壁沿いに備え付けられた棚にＣＤを移したらいいではないか、ということは人に言われるまでもなく、誰よりも力強く自分自身に投げかけたい言葉だった。

ところが、思っても一向に手をつけられない用事というのはよくあるもので、特別に怠惰というわけでもないのにどうしても気が向かない行為の代表的存在のひとつに、引越し後の荷物の片付けがあげられるだろう。

そうした性質を「仕方がないよね」という心持ちで無批判に受け入れてゆくとワイド

ショーなどでお馴染みのゴミ屋敷が出来上がるのかもしれない。

ゴミ屋敷に住んで近隣の住民から白眼視されることに対する恐怖がないわけではなかったが、そのような恐怖心を飲み込んだり誤魔化したりしながら、消極的に選択したのは段ボールの「放置」だった。

何しろ、箱の中にはＣＤが二〇〇〇枚くらいあった。

そうした量的な、物理的な情報というのは存外に強烈で、荷を解いて仕舞うだけでも重労働なのに、新しい棚への収納について頭を使わなければならないという事実も俺を段ボールから遠ざける一因だった。

これが食器の類ならば、一旦はキッチン台や食器棚へ無造作に並べてから、その後でゆっくり時間をかけて、茶碗、湯呑み、急須、銚子、大徳利、御猪口《おちょこ》、杯、平皿、深皿など、用途や重さなどを基準にして並べ替えることもできるだろう。見るからに形が違う、感触も違う、材質が違う、用途が違う。そういった差異を楽しみながら仕分けられるかもしれない。違いの分かる男を気取ってドヤ顔のひとつもできよう。

ところがＣＤとなるとそうは行かない。ＣＤはジャケットこそ違えど、その外観や質感についてはおおよそ統一されていて、例えば目を瞑《つぶ》って撫《な》でまわしながら「やっぱり中期ビートルズのＣＤケースは収録内容に引けを取らないくらいにサイケデリックだね」という感慨を得ることができない。アートワークなどの視覚的な情報を遮断すれば、手の内に無機質なプラケースがあるのみだ。触覚的な楽しみはない。

俺は収納スペースを圧縮するべく、ほとんどのＣＤをソフトケースに入れ替えて保管していた。それぞれに音楽的な特徴がある作品たちも、手触りはヌメッとした塩化ビニールでしかない。そのヌメッた塩ビの内側のジャケットに刮目《かつもく》しながら、アルファベット順に作品を並べてゆく作業の単調さ、その割に神経を使う様、どこを取っても後回しにされる要素しかないと俺は思う。

しかも、我がスタジオの移転に際しては、薄い塩ビのケースが災いして「Ｍ」から始まる作品の列の隙間に「Ｎ」が頭文字のアルバムが紛れ込み、「Ｓ」の段ボールの中で様々なバンドのＣＤがゴチャ混ぜになっている、などの問題も発生していた。片付けへの意欲は萎《な》えるばかりだった。

それでもどうにか気持ちを整えて、エイヤと荷を解いてみたものの、予想通りＣＤの片付けは面倒だった。

新しい棚に移すには、新しい棚幅に合わせて「Ａ」から「Ｚ」の作品を振り分ける必要がある。アルファベットの字数からして真ん中は「M」と「N」の辺りだろうと高を括《くく》って適当に段ボールを開けて行くと、思った以上に「S」と「T」から始まるバンドやアーティストが多かったり、「H」や「I」や「J」の層が薄かったり、といった事態に直面して、何度も棚を移し替えなければいけなくなってしまう。

そうした性質から考えると、CDを棚に収納する場合は「A」か「Z」から作業を始めるのが合理的だという、当たり前の事実に俺は到達したのだった。

よし。「A」の箱はどこだろう。と思って探すと、「A」の箱が見当たらない。それならば「Z」から作業しようと思ったが、「Z」の箱も見当たらなかった。どちらの箱も積み上げられた段ボールの最下段、しかも奥にあるらしい。

仕方がないので、ひとつずつ箱を退けて積み直した。CDがパンパンに詰まった段ボール箱は想像以上に重く、腰の辺りで滞った血流が原因なのか、俺の脳みそはキンキンに冷えていった。

どうにか「A」を掘り当てると、「A」の箱には「A」だけでなく幾らかの「B」の作品も収納されていた。しかも、先に取り出して棚へと移したい「A」よりも、「B」が箱の上側に入れられていた。引越し作業員たちが、棚から取り出したCDを「A」から順に箱に仕舞ったのだろう。ということを考えると、棚に移す際は、最後に箱に納められたであろう「Z」から取り出したほうがスムースかもしれない。

うむ。では、開けてしまった「A」の箱を触るのは止《よ》して、「Z」の段から収納してゆこう。めでたし、めでたし。

とはならなかったのは、新設した棚のキャパシティを俺が把握していないからだった。全部で何枚のCDが収納できるのかを知らなかった。ということはつまり、すべてのCDを収め終わったときの終点にあたる場所がどのあたりになるのか分からないということだ。

これはまずい。

例えば、棚の右下を終点と考えて「Z」から並べていった場合、棚の最上段の左端に妙に広いスペースが生まれてしまうかもしれない。

ホールでのコンサートなど、客席に椅子のある会場で入場者を後部座席から案内して行くと、チケットがソールドアウトしていない限りは最前列付近がガラガラになってしまって決まりが悪い。「前のほうが空いているじゃないか。席を移せ」と観客たちは激怒し、見兼ねた演者のパフォーマンスが落ちてコンサートの感興が削《そ》がれてしまう。そうした状況を例としてあげればわかるように、ホールの後方席に当たる「Z」からの作業は様々なリスクを孕《はら》んでいた。

八方が塞がった俺は、もう一度「A」の箱に戻って、「B」の端数を別のスペースに退けてから「A」を然るべき棚に仕舞い、その続きに避けておいた「B」を移して並べ、今度は「BCD」と書かれた箱の上部から「C」と「D」を取り出して避け、箱の底にあった「B」を続きの棚に仕舞ってから「C」と「D」を順番に並べる、というような、書いたり読んだりするのも煩わしい工程を箱毎に繰り返したのだった。

作業をしながら、大好きで集めたはずのCDたちに対して、どこか恨めしいような、憎たらしいような、ネガティブな感情が湧きあがっていった。

そして、同時に、棚に収まり切らないという事実も露《あらわ》になっていったのだった。

いつしか分厚いデジパックや紙ジャケットといった特殊仕様作品への怨恨が心に芽生え、スペースも取らずに大人しく陳列している塩ビに比べて主張が強い、幅を利かせている、自由や権利を履き違えている、対案を出せ、つうか塩ビを見習え、痩せろ、黙って無給で残業しろ、社歌を斉唱せよ、敬礼せよ、というような雑言でスタジオがいっぱいになってしまった。

ところが、そっちがその気なら断捨離《だんしゃり》だ、捨てて捨てて剃髪《ていはつ》して出家してやる、というような捨て鉢な気分でボキボキと特殊ケースを粉砕し、ゴミ袋に投げ込むことはできなかった。何しろ、好きで集めた作品がほとんどだった。

よくよく考えれば、二〇〇〇枚のCDのそれぞれを四十分程度と見積もっても、すべてを聴き返すのに八万分、千三百時間以上かかることになる。二カ月くらい不眠不休で聴き続けて、やっと終わるくらいの情報量だ。しかも、毎月一〇枚くらいのペースでCDは増えている。そう考えると、リスナーとして、これだけのCDを所持する意味や必要性は薄いのかもしれない。

ところが、資料性を考えると不必要だとは言い切れない。辞書の「ぬ」の段を引くことは滅多にないからと言って、要らないとは言えないだろう。

現在は不必要と思わしきCDも、いつの日か、音色やプロダクションの参考やインスピレーションの源となる日が来るかもしれない。実際に友人たちが参考にと借りて帰ってゆくこともある。

そう考えると、「断捨離じゃ、リストラじゃコラ、ボケカス」という気持ちはすっかり萎《しぼ》んでいった。ドメスティックバイオレンス後の亭主よろしく、「別れないで」と泣いて縋《すが》りたい気分でもあった。

ただ、全面的に愛とも呼べない何らかの感情がスタジオの片隅に数百枚積み上がったのも事実で、俺の脳は深々と凍ってゆくのだった。

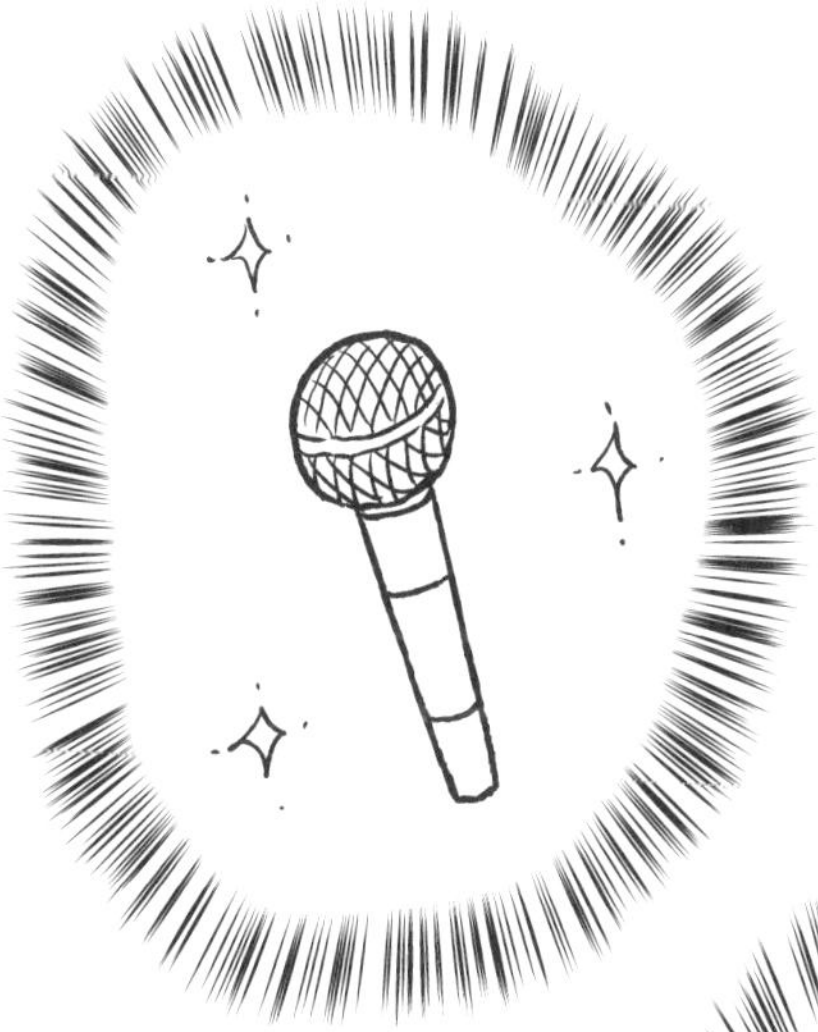

3

機材選びにともなう様々な困難

スタジオの片付けをしながら項垂《うなだ》れ続けているわけにもいかず、ヌハッと気合いを全身に漲《みなぎ》らせて整備拡張せねばならないのは、録音機材の数々だった。

数々だなんて大げさな、気合いを入れなくてもできるだろ、というような言葉をうっかり口走ったり、インターネット上でさえずったりする人もあるかと思う。けれども、音の録音には存外にたくさんの機材が必要なのである。

その程度については、俺がこうした軽佻《けいちょう》で浮薄《ふはく》な随筆に「である」という学術論文的な断定形を使用し、声高に主張しなくてはならない事情を想像して欲しい。全国の録音愛好家やミュージシャンにとって、録音機材にまつわる予算の確保というのは作品のクオリティに直結する肝心と呼ぶべき問題なのだ。「この間、買ったばかりよね」的な財務担当者からの検査監督、および予算削減に悩む同人たちが、俺の薄弱な文体によって更なる窮地に立たされてはならない。そういった事態は幾重にも回避しなければならないのである。
というわけで、音楽の録音にどのような機材が必要なのかについて、コールド・ブレイン・スタジオの機材がどのようにアップデートされていったのかを踏まえながら説明したいと思う。

まずは録音・記録を行なう装置＝レコーダーが必要だということは、多くの人にとって理解できることだろう。

予算が無尽蔵であるならば、思い切ってスチューダー社の16トラック・アナログテープレコーダーを購入したい。アナログテープは高音域がキリキリしないので、音に丸みがあって温かい。録音された各楽器がまろやかに馴染む感じがして良い。けれども、システム全体で数百万円を超えてしまう。メンテナンスにも多額の費用がかかるし、録音の度にテープレコーダーの扱いに長《た》けた技術者を派遣してもらう必要も生じる。

そのようなコストを削減すべく、現在ではほとんどの人がD.A.W.（デジタル・オーディオ・ワークステーション）というシステムをパソコンに立ち上げて、パソコンのハードディスクや外付けのハードディスクに音楽を録音している。D.A.W.の開発と普及によって、本格的なスタジオ以外での音楽制作が容易《たやす》くなったのだ。

今日では、全ての作業を自宅で完結させるプロフェッショナルも少なくない。音楽制作の裾野はD.A.W.によって飛躍的に広がったと言える。

移転前のコールド・ブレイン・スタジオでは、二〇〇八年のiMacにスタインバーグ社の『Cubase《キューベース》』というソフトをインストールして作業を行なっていた。『Cubase』の魅力はソフトや周辺機材が比較的安価な割に操作性が高いところで、現行品は俺が買ったときのものより何段階かバージョンアップされていたけれど、デモ音源の作成においてはこれといった不自由を感じていなかった。

まあでも、せっかく新しい環境を得たわけだし、何より、これからはソロアルバムの完成を目指して作業を重ねるのだから、最新バージョンを採用して音質の向上を目指したいと思うのが人間だろう。俺は数万円を支払って『Cubase』のアップデートを行なったのだった。

すると、どういうことが起こったのか。なんと、録音周りの機能を司る他社製ソフト（これを「プラグイン」と呼ぶ）の多くが使えなくなってしまったのだった。

関連サイトを確認すると、それぞれ最新のバージョンの有償アップデートを受けることによって、継続的な使用が可能になるとのことだった。

仕方がないので、それぞれのプラグインのダウンロードページへ行き、カチカチとマウスを数回クリックした。瞬時に十枚近くの福沢諭吉が消え失せてしまった。

またしても精神をボキボキに複雑骨折して脳が凍りついたのであろうと、娯楽のひとつとして俺を嘲笑する人がいるかもしれない。ところが、こうしたソフトウェアのアップデートにおける散財というのは、多くのミュージシャンやエンジニアにとっては数年に一度、あるいは年次の儀式であり、閏年《うるうどし》やオリンピックといった式典よりもむしろ軽い存在で、さすがに無傷というわけにはいかないが、眼窩《がんか》を落ち窪ませながらホームセンターを徘徊するまでのダメージを受けないように我々のメンタルはトレーニングが済んでいる。

それでも、録音ソフトのアップデートについては本当に悩ましい。可能ならば出費を減らしたい。インターフェイス（操作手順）が変わるほどの大変革は止して欲しい。と、切に願っている。

ところが、ソフトウェアを開発している会社も数年に一度はこうして大なり小なりのアップデートを促してユーザーから金銭を徴収し、その利益で専用機器やソフトそのものの開発を行なっている。収益がなくなれば会社そのものが潰れて、アフターケアなどのサービスもすべて止まってしまうだろう。遷宮《せんぐう》とかケインズとかニューディール政策とか、あるいは泳ぎ続けないと死ぬマグロなどの回遊魚、そういった事物を連想すれば仕方のないことなのかもしれない。回す、ための企業努力なのだ。

Macも含めて、近年では様々なソフトウェアが競い合うようにアップデートを行なっており、大昔に大金を支払って購入したソフトが突発的に年会費徴収制度へと移行し、「お使いのOSでは正しく作動しません」的な扱いを受けることがある。

海賊版などによる被害もあってのことだろうけれど、真面目に購入した身としてはなんとも言えない気分になることが増えた。頻繁に支払いがある割に、手にする喜びを味わうことができない。

その点、アナログ機材はソフトウェアではなくハードウェアなので、それぞれに機械としての身体がある。

それぞれに身体があるということはどういうことかというと、個体差があって代えが利かない。物質的な情報として手に取ることができる。抱きしめたりもできる。ゆえに価値が生まれて、売り買いの対象になる。つまり、資産になるということだ。だから、散財というよりは投資だと考えることができる。

よし。さっそく投資だ。俺は投資家だ。買収して抱きしめよう。と、息巻いて国内外の録音機材専門サイトへ行き、無邪気にポチポチとカートに商品を放り込みたい。けれども、それは不可能だ。なぜなら、録音のための機材はとても高価なのだ。

例えば、俺が以前に音楽の滝壺へ飛び降りるつもりで買った「NEVE 1066」というプリアンプ（マイクや楽器とレコーダーの間につなぐ前置増幅器）のペアは、三桁の福沢先生をジョージ・ワシントンに変換させ、海外に旅立たせたのだった。合わせて購入した「RETRO 176」というコンプレッサー（音を圧縮する機材）によっては、二桁の諭吉が通帳からテレポーテーションの技を使って消え失せたのである。

額面だけで考えれば、なんたる贅沢と罵《ののし》られても仕方ない。また、途方もない散財と肩を落とすこともできよう。ところが、前述したように、これらのアナログ機材は中古市場で販売することができる。場合によっては買い求めたときよりも値上がりする可能性もある。実際に「RETRO 176」は現在、およそ倍の値段で輸入販売されている。つまり、俺は捨て鉢に「バンジー」と叫びながら滝壺へ飛び降りたのではなく、背中にパラシュートを付けたうえで飛び立ったというわけだ。

ソフトウェアはそういうわけにはいかない。課金しまくってレベルを上げたゲームアプリを、「めっちゃ強い」ということを理由に高額で友人へ転売できないのと同じように、アカウントやライセンスで管理された録音ソフトもまた、基本的には他人に販売することができないのだ。

ただし、実機に比べて安価だったり、持ち運ぶ必要がなかったりと、ソフトウェアにもメリットはある。数十万のプリアンプを模したプラグインを数百ドルで手に入れることができるのだ。性能も年々進化して、ほとんど実機と変わらない効果を得られるものも多い。

実際、シカゴのインディロックの中心的な人物であるジョン・マッケンタイアのスタジオを訪ねた際、彼は機材の多くを手放すつもりだと語っていた。長らくシカゴ音響派と呼ばれるシーンをリードしてきた彼の口から重ねて発せられた「プラグインで十分こと足りるからね」という言葉には、彼が積み重ねてきた実績分だけの重みがあった。

機材選びとは、こうして財布の厚み、預金の残高、円相場、気温、体調、何より財務担当者の機嫌に十分気を使いながら、思い切って憧れの実機、あるいはここはソフトウェアで、などと難しい判断を積み重ねてゆくことである。

などと独りごちながら、俺は本格的な機材の選定と購入を進めたのだった。

プレーンなオムレツ、プレーンなプリアンプ

スタジオの機材を整えているうちに、友人のシンガー・ソング・ライターから「新しいアルバムを作るので協力して欲しい」という連絡が来た。

どういうことだろうかとコールド・ブレイン・スタジオでお茶を啜《すす》りながら詳細を聞けば、前の年に作ったアルバムが素晴らしい出来なのだけれども、これを多くの人の手に届けるには更なる情報発信が必要で、そう考えると追い討ちをかけるように新しい作品をリリースして注目されたい。けれども、前作は傑作たるべく相応な制作費を注ぎ込んでいるので、はっきり言えば金銭的に余裕がない。余裕はないがもちろん良いものを作らないと意味がない。そうした制作費の事情とクオリティを鑑《かんが》みるに、ここはひとつコールド・ブレイン・スタジオで録音をさせてもらえないか。という話だった。

断る理由はなかった。

場所を借りるだけでいいという提案もあったけれど、俺をエンジニアとして雇えばタダ同然なので、録音も含めてふたりで作業しようということで話がまとまった。

こういうことを書くと、またまた善人ぶりやがってという揶揄《やゆ》を汁の吸い出された椰子の実のなかにタプタプと詰め込んで、俺の精神の砂浜に漂着させて懲《こ》らしめたいと思うひとがいるかもしれない。確かに揶揄の「揶」と椰子の「椰」はつくりの部分に共通点が見られるけれども、そういった感情は大らかな南の海に向かって押し戻していただきたい。誰かに良い顔をしたい、あるいは徳ポイントを貯めたい、といった邪《よこしま》な欲望で彼の仕事を引き受けたのではない。俺は純粋に彼の大ファンであり、前から一緒に仕事をしてみたいと思っていたのだ。

打ち合わせの予定ではあったけれども、彼がギターを持って来ているということで、早速、テストで録音してみることになった。ブースのないスタジオの中央に演奏するスペースを作り、ボーカルマイクとギター用に二本のマイクを立て、何曲か演奏してもらった。スタジオ内に彼の美しいファルセット（裏声）が響きわたり、なんとも言えない贅沢な振動に包まれて、録音のことなど忘れてずっと浸っていたい、あるいはこの美しい倍音を羽毛の代わりに詰めた布団でおもいっきり昼寝をしたい、と俺は思った。

ところが、彼の美声に蕩け続けているわけにもいかなかった。率直に言って、現状のスペックでは彼の弾き語りを録音するための機材がいくつか足りないことが分かったからだ。ということはどういうことか、それはまたしても福沢先生がペンは剣よりも大事だが銭が一番大事である、みたいな顔をしながら俺の財布から消えてゆくということだった。

新しい機材の購入に失敗すれば、散財の悔しさから大脳新皮質などが氷結して、落ち窪んだ精神のまま日中から缶酎ハイなどを飲んで自堕落な生活に沈没してしまうだろう。一方で、正しく機材をアップデートするチャンスでもある。彼の美しい歌声と演奏を録音するための機材は、俺のソロアルバム制作でも活躍するに決まっていた。

まず、必要だったのはプリアンプというマイクとレコーダーの間に設置する前置増幅器だった。この機材によって、マイクで拾った音が増幅されて、録音するにふさわしい音量になるのだ。

プリアンプは様々な製造会社によって、様々な機能を備えたモデルが多数発売されていて、当然ながらそれぞれキャラクターが違う。このキャラクターの違いが音楽制作には役立つのだけれど、強い個性というのは時に厄介でもあり、特に俺が所有しているビンテージのプリアンプは通すだけでそれっぽい音になってしまい、それっぽくない音にしたいという気分を受け付けてはくれない。実際、俺のような野太い声を張り上げる歌唱法や、エレキギターやエレキベースなどの録音の際には太くパンチのある音づくりに役立ってくれるけれど、彼の繊細な歌声のダイナミクスを収めるにはキャラクターが強かった。

もう少しプレーンなプリアンプが欲しいと俺は思った。

オムレツでもないのにプレーンとはどういうことだ、と悩んでしまうひとが少なからずいるだろう。そういう場合は捻らずに、そのままオムレツのことだと思って考えてもらうのが分かりやすいと思う。単刀直入に言えば、特別な味付けがされない、ということだ。

例えば、シンプルに塩で食べたい、あるいは醬油、ベタにケチャップ、なかにはデミグラスソースでないと食べたくないという我儘《わがまま》なひと、熱々の四川風麻婆豆腐をかけて食べたいという奇矯な御仁、様々な好みがこの世には存在する。個々の願望に応えるならば、ソースの選択は食べる側に任せる必要がある。

ところが、皆で食べログで奇跡の八点を叩き出したと噂の洋食店へランチに出かけるとしよう。そこには生来の頑固さを地面が永久凍土になるまで踏みしめて、それを一度グズグズに解凍してからヒト形に造形し、再び凍らせて魂を吹き込んだような爺さんがキッチンでこちらに背を向けている。気立ての良い婆さん、もしくは娘さんが水とおしぼりを持って愛想よくテーブルにやってくるが、不思議とメニューがない。なんでも、この店のランチはオムレツ定食のみで、サラダ付きのAセット、サラダとドリンクの付いたBセットしかないと言う。まあ、仕方がないので、それぞれに好きなセットを頼むだろう。頑固そうな爺は注文を受けると、黙々とオムレツを作り始める。温めたフライパンにバターを引いて、あらかじめ攪拌《かくはん》された卵を流し込んでゆく。慣れた手つきを見ているだけで目が美味しいと錯覚する。フライパンからはバターの香りが上がり、卵に火が通るときの甘い匂いが店に立ち込めて、思わず、唾液が舌の裏側に溢れ出た。この店は当たりだなと誰しもが思うだろう。爺は手際よく、ひとつずつ白く平らな洋皿の中央にできたてのオムレツを載せて行く。婆、もしくは娘が丁寧に仕込まれた副菜や生野菜などを皿の端に盛る。塩胡椒で食べるのも良さそうだし、醤油も合うだろう。そうした客の食に対する想像を打ち消すように、爺はフライパンの脇に鎮座した業務用の缶にワシッとお玉を突き込んで、赤いソースをたっぷりとオムレツにかけてゆくのだった。缶には大きな文字で「××××ケチャップ（業務用）」と書かれていた。オムレツはもちろんケチャップの味しかしなかった。

　みたいなことになってしまう。

要するに、熟練の技とこだわりの上に業務用のケチャップをかけてしまうような頑なさ、あるいは不器用さが、俺の持っているビンテージの機材にはあるということだ。味付けを自分で調整したい、みたいな願望をこちらが持っている場合には、頑固さのない機材や、素材をそのまま癖付けずに増幅してくれるプリアンプのほうが使い勝手が良いのだ。すべてケチャップ味では困る。

よし、ここはひとつ、専門機材を扱うサイトのページを開いて、「プレーンな音」というキーワードを打ち込み、それらしい機材を検索してポチッと注文しよう。というわけにはいかない。

なぜか。

前回も書いたことだけれども、録音用の機材は高価だからだ。アスクルやアマゾンで文房具を買うような気軽さとは違う。そんなことは余程のお金持ちでないと不可能なのだ。

こういう場合は専門家を頼るに限る。

俺は、長らく自分のバンドの録音に携わってくれているエンジニアに相談して、「AVALON DESIGN」のプリアンプを購入することにした。音の質感を調整するコンプレッサーやイコライザーという機能のついた優れものだった。

俺のようなミュージシャンは、ギターやギターアンプに比べて録音機材への知識が薄い。マイクとプリアンプを組み合わせながら音作りをすることは難しく、ギターとギターアンプの組み合わせを考えるときのようにはいかない。そういう意味でも、失敗の少ない、使い勝手の良い機材であるとのことだった。注文後に少しの諭吉ロスに陥ったが、なかなか良い買い物だったように思う。

次いで、マイクも足りないということに気がついたが、洋食店のオムレツ話で文字数が増えすぎてしまったので、詳細は次回に書く。

「マイクは大事である」という話

オムレツの話はなかったことにして、友人のシンガー・ソング・ライターの録音を手伝うにあたって俺が直面した機材不足の話を続けようと思う。

「前置増幅器＝プリアンプ」を購入したという話は前回を読み返すなどして、各自で確認して欲しい。そして、改めて、マイクで何らかの音声を収録するには特殊な事情のない限りプリアンプという装置が必要である、という録音の仕組みを頭の片隅に収納していただけると、サウンド・エンジニアリングに関する理解が高まると思う。

確かにそういった理解や意識が高まったところで、iPhoneの着信音に設定していた楽曲の機微を感じる、YouTubeの低音質の音源が急にキラキラして聞こえる、みたいな変化は恐らく起こらない。けれども、率直に言って、プリアンプについて毎回説明するのは面倒くさい、といった俺個人の感情とは別に、読む側にも「またかよ」的なストレスがいくらか生じることだと思う。お互いに消耗するのを避けるには「マイクで拾った音はプリアンプで増幅しなければならない」ということを覚えてもらう以外にない。

そして願わくは、プリアンプと呼び捨てるのは他人行儀だ、などという批判の声が出版社に寄せられるくらいにプリアンプが認知されて、皆が「プリちゃん」と呼び始める日が来ることを夢想して、あるいは忌避《きひ》して、プリちゃんの話は一旦、端に置く。なぜならば、マイクの話をしたいからだ。

マイクは大事である。

このような真理を真顔で言うと、あの人は大丈夫かしらと近隣住民に思われてしまうかもしれない。が、もう一度、何ならコマンドとBのキーを同時に押しながらフォントを太字にして記したい。**マイクは大事である。**

というのも、録音スタジオなどで使われるプロユースの製品は除いて、世の中のマイクはぞんざいに扱われがちなのだ。

そうした事実は、各人が胸に手を当てて、カラオケ店やスナック、ライブハウスのボーカルマイクについて回想すれば、ある種の羞恥とともに突き当たることだと思う。

タバコの煙やアルコールを含む呼気、手についたフライ油、口周りのトマトソース。考えただけでゾッとする環境に送り込まれ、机の上やステージに放置されて、なかにはウインドガードの部分がタコ殴りにされたジャガイモのようになり果てているマイクが世の中には多数存在する。こうした事実は世間一般のマイクに対するリスペクトの欠如を端的に表している。大変に嘆かわしい状況である。

とはいえ、かく言う俺もプロのミュージシャンとして走り出したころには、楽器を投げたり折ったりするな、マイクで他人や自分を殴ったりするな、というミュージッククラヴァーとしての基本のキの字について、音響スタッフたちから何度も叱られていた。

そうした過去を論《あげつら》えば、お前にはマイクの現状を嘆く資格がないと思われるかもしれない。けれども、若い頃に暴虐の限りを尽くしていた人間が急に「ヤンキー先生」などと名乗って夜回りを始めて有り難がられるように、誰しもに失敗から学んで再起するチャンスが与えられている。こうした社会の性質を俺は支持している。

マイクというのは、存外に奥が深い。

カラオケ店などで泥酔しながらマイクのコードでぐるぐる巻きになっている人たちから

すれば想像の埒外《らちがい》か、もはや銀河系の外の出来ごとかもしれないが、プリちゃんと同じようにマイクにもいろいろなメーカーがあり、それぞれに個性豊かなマイクを製造販売している。

低い音の収録を得意としているもの、幅広い音域の録音ができるもの、万能ではないが代えのきかない特定の癖があるもの、とにかく丈夫なもの、本当にいろいろな種類のマイクが存在する。製造された年代や、経年による個体差もある。メーカーや品番だけでなく、作られた時代によって性能が違う数種類のマイクを組み合わせて、楽器の音や声を好ましい音像として収録するのがサウンド・エンジニアリングなのだ。

また、時代を遡《さかのぼ》れば、ビートルズで有名なアビーロード・スタジオでは白衣を着て手袋をしたエンジニアのみがマイクの設置を許されていたという。科学技術の結集であるマイクがどのように扱われていたのかを知るための貴重なエピソードだ。

うむ。夜回り完了。これでマイクを振り回す人がいくらか減ることだろう。さあ、白衣を纏《まと》って友人のアルバム制作に打ち込もう。

というわけにはいかなかったのは、コールド・ブレイン・スタジオのマイクが足りなかったからだった。

ミックスを担当する友人のエンジニアから、「適当なところにコンデンサー・マイクを二本立てて、アンビエントをステレオで録音してほしい」というリクエストをもらっていたのだ。ところが、生憎《あいにく》、俺はステレオ録音用のマイクを持っていなかった。

ステレオというのは右のスピーカーと左のスピーカーから別の音が聞こえる、つまり人間の耳を擬似的に再現したサウンドのことだ。現代のほとんどの音楽はステレオで再生されている。

その逆はモノラルという方式で、これは右からも左からも同じ音が出る。聴いている側は、真ん中から音が聞こえてくるように感じる。最初のステレオレコードが発売されたのは一九五八年であり、それ以前のものはモノラルであった。

一方で、音を録音する場合には、多くの音が現在でもモノラルで収録されている。と書くと、録音と再生の方式の違いについて混乱する人もあるかもしれないが、現段階において夜回りでの周知や啓蒙が必要ない案件なので、さらっと流してもらいたい。

ステレオで録音する場合、部屋の左右に立てるマイクは同じメーカーと品番のものがペアで使われる。あるいは左右がセットになった専用のマイクを使う。それは、前述した通り、マイクの性能によって録音される音質に違いがあるからで、やりようによっては、右のスピーカーからは清流のせせらぎ、左からは核戦争後の荒廃した世界の喧騒、みたいな、同一空間のはずなのに右と左でまったくの別世界という無茶苦茶な音像が作られてしまう。

友人のエンジニアが「アンビエント」と俺に伝えたのは環境音のことで、スタジオで演奏した自然な感じを収録してほしいという意味なのだ。左右に別の音世界を用意して実験的に聴き手の精神を半分に引き裂いてみたい、ということではなく、右と左でひとつながりの、ありのままの空間を収めたいということだ。

しかし、コールド・ブレイン・スタジオには、ステレオ録音に相応しいペアのマイクがなかった。それは脳みそが凍るほどの悲しい事実だった。

温暖化する地球にあって、ひとり絶望の淵で氷漬けになり、ナウマン象の様に朽ち果てて行く以外にない。ナウマンとか言う、いかにも最先端みたいな響きのくせに、絶滅してしまうなんて嘆かわしい、成仏できっこない、などと落ち込んでいると、件のミックスを担当する友人から連絡があった。

技術だけでなく、優しさや思いやりといった内面的な魅力を兼ね備えた人間である彼からのメールには、「僕のマイクを貸しますよ」という文言が書かれていた。

即座に春が到来した。地表の氷は溶け、氷河が融解し、俺は再び地上に返り咲いてナウマン、改名して今男としての生を謳歌したい、みたいな心持ちだった。が、気がつくと氷河の融解によって海水面が上昇し、腰の丈まで水に浸かって、今男は別の角度からの絶望に苛《さいな》まれていた。今男はステレオ方式で録音する場合のマイクの立て方の詳細が分からなかった。

こうなれば太平洋まで流れ出て、遠くミクロネシアの諸島に漂着し神獣として原住民に祀《まつ》ってもらおう。そういった捨て鉢な気持ちを再び此岸に手繰《たぐ》り寄せてくれたのは、またしても友人エンジニアからのメールだった。

彼は丁寧に、「このくらいの位置にこのくらいの向きで」と文章で説明してくれた。それに従って、実際に録音した音像を頼りに微調整を行なうのみだった。

つつがなく友人のアルバム制作が済んだ後、俺は貸してもらったマイクを友人に返し、自分でも同じ製品を買うことに決めたのだった。オーディオテクニカという会社の製品で、とてもフラットな性質で扱いやすく、歌の録音などにも向いていた。値段も法外な感じではなく、妥当と思える価格だったので、えいやとペアで、つまり二本購入した。

次いで立ち上がったのは、マイクの保管についての問題だった。

それなりの値段のマイクというのは、それなりの方法でそれなりに保管しなければならない。ということは、それなりの人ならば、それなりに分かることだろう。ところが、それなりのミュージシャンであるつもりだった俺は、それなりの知識を持ち合わせていなかった。

鄙《ひな》びたライブハウス中心の下積み生活が長かったため、マイクといえば先っぽが男爵芋のようにボコボコになるまでぞんざいに扱われて、ライブハウスや町の練習スタジオに放置されている器具、という認識が骨身に沁みこんでしまっていたのだ。率直に、音楽機材のなかでも、マイクはとりわけて頑丈なものだと勘違いしていた。打たれ強い後輩的な何かだと思っていた。

ところが、プロになって大小様々なスタジオへ行ってみると、どこのレコーディング・

スタジオにも男爵芋のようなマイクは転がっていなかった。メークイン、キタアカリ、インカのめざめ、といった品種の馬鈴薯も然《しか》り、だった。プロユースのスタジオには今まで見たこともないような美しいフォルムのマイクがたくさんあり、エンジニアたちはマイクの大小や新旧にかかわらず、一本一本を丁寧に扱っていた。

そうした事実は薄《うす》らと脳裏に焼き付けていたものの、焼き付けた印ごと冷凍庫の奥に保存した糠床《ぬかどこ》のように忘れてしまって、実際に十数万円のマイクを所有するまで、俺はマイクの保管方法としっかり向き合ったことがなかった。

そして、ついに「良いコンデンサー・マイクはちゃんと保管しないとね」という友人エンジニアの忠告によって俺の脳は表皮から溶け、内部は春爛漫、マイクはちゃんと保管しないとね問題が発芽したのだった。あまりに急速な問題の萌芽、そして成長によって、脳内は一面の花畑になってしまった。

続いて、友人エンジニアは「マイクの保管用に弟子ケイタを買ったほうが良い」と俺に勧めるのだった。

はて。弟子ケイタとはなんだろうか。はたまた、誰だろうか。そうした疑問が脳内の花畑を突き抜けるように全力疾走したけれども、弟子ケイタについて知らない人間などいるわけがない、というような友人の語気を思うに、尋ね返してはいけない事柄のように思えた。曲がりなりにもエンジニアやプロデューサーを名乗るならば、知っておかなければいけない業界の常識なのだろう。

そうした自問を見透かしてか、次いで投げかけられた助言は「弟子ケイタは高価だから、マイクをタッパーにシリカゲルと一緒に入れて保管してはどうだろう。僕も若い頃はそうしたよ」というものだった。

弟子ケイタが物品なのか人物なのかは分からないが、シリカゲルが尻化《しりか》したゲルでないことくらいは、脳内が花畑の俺だって知っている。なるほど、マイクは湿度に弱いのだということを俺は瞬時に理解した。ゆえに、乾燥剤としてシリカゲルを使い、タッパーなどの密封容器に入れて保管せよと友人は言っているのだ。

ことの本質が分かってしまえば、話は早い。俺は適当に明るく朗らかなメロディの鼻歌を歌いながら、スキップするような心持ちでホームセンターへ向かい、主婦が胡瓜の糠漬けを二〇本くらい漬けられそうなタッパーと業務用のシリカゲルを買い物カートに放り込み、歌い踊りながら会計を済ませた。ラララー。

以前は廃墟のように感じたホームセンターも、気がつけばブロードウェイの劇場のようであった。居合わせた買い物客もカートをリズミカルに引き回しながら、賛美歌のような曲を歌っている。ラルラララー。レジ係はターンをキメながら、俺に領収証を渡すのだった。ルルルルルー。

そんな妄想を突き抜けてスタジオへ戻り、俺はマイクを一本一本丁寧にタッパーに詰め、シリカゲルの小袋をいくつか入れて蓋《ふた》を閉じた。とても清々しい気分だった。

よし。これでコールド・ブレイン・スタジオのマイクは安泰だ。楽曲制作に戻るとしよう。

ところが、胸のうちにつかえて、様々な意欲や思考を遮るものがあった。それは弟子ケイタの謎だった。

前述したとおり、俺はこれまで、いろいろなスタジオでそれなりに録音を行なってきた。ところが、エンジニアやアシスタントがマイクを料理用のタッパーから取り出すところを、ただの一度も見たことがなかった。

当然だろう。マイクは野菜ではない。料理でもなければ食べ物でもない。精密な機械だ。ということは、アマチュアはともかく、それなりのエンジニアたちはタッパーではなく弟子ケイタを買うなり雇うなりして、マイクを大事に保管していると考えるのが妥当だ。

やはり、タッパーでは心許《もと》ない。そしてタッパーには、いくらかの滑稽さがつきまとって、そこから逃れられない。例えば、自身のアルバムの録音に起用したプロデューサーが、おもむろにタッパーからマイクを取り出す姿を想像したらどうだろうか。アルバムの制作の先行きに不安をおぼえるはずだ。

兎《と》にも角にも、弟子ケイタだった。

早速、Googleに弟子ケイタと打ち込んで検索してみたが、それらしい情報は何一つ得ることができなかった。画像検索も試みたが、若者、ヒゲのおっさん、ゆるいアニメキャラ、尻、不二家のペコちゃんなど、まったく統一感のない画像が画面を埋め尽くして、途方に暮れる以外に術《すべ》がなかった。

迷宮入りだ。もうダメかもしれない。やはり、静岡の片田舎出身の俺には、それなりのミュージシャンになることなど不可能だったのだ。これからは温暖な静岡とは真逆の、年中雪深い山奥の洞窟か洞穴に潜んで、脳がゆっくりと凍って死ぬ、みたいな余生を送ろう。そうしよう。

それでも最後の悪あがきとして、タッパーではなく、カメラのレンズなどをしまう防湿庫を買って、それにマイクを仕舞おうと俺は考えた。

プロユースの弟子ケイタという秘密の機材を使って、あるいは人物を雇って、マイクを厳重に保管するという夢は叶わなかった。せめて俺が洞穴で朽ち果てた後に、家族たちがタッパーの始末に困らないようにしたい。近隣住民に「タッパーになんでもしまう人たち」と嘲笑されないようにしてあげたい。そういう気持ちで一杯だった。

俺は俺の心象とは真逆の、「熱帯雨林」とかいう通販サイトで防湿庫を購入した。前面のドアに内部の湿度が表示される優れものだった。

タッパーからマイクを一本ずつ取り出し、電源を入れた防湿庫へ丁寧に並べていった。昔からそこにあったような、物ごとがあるべき場所に収まったときのような、安堵に近いフィーリングがスタジオに広がった。巨大なタッパーと大量の業務用シリカゲルが虚しく残ったけれども、後悔のような念は不思議と残らなかった。

しばらくして、友人エンジニアと仕事をする機会があった。タッパーでは心許なく感じたため思案してカメラレンズ用の防湿庫を買った、という旨を伝えた。友人は笑顔で「買ったんだぁ」的な身振りで驚き、そして、こう言ったのだった。

「ゴッチ、弟子ケイタ買ったんだね」

いや、俺は断じて弟子ケイタは買っていない。俺が買ったのはマイク保管用の弟子ケイタではなく、カメラレンズ用の防湿庫だ。

「どんなやつ買ったの？」

友人だと思っていた人間が俺を貶《おとし》めようとしていた。弟子ケイタと間違えてカメラレンズ用の防湿庫を買った馬鹿がいるという話を吹聴して、俺の仕事を減らすつもりなのだろう。恐ろしや、音楽業界。弱肉強食。これが業界の闇か、と戦慄しながら、俺は通販サイトの注文画面を開いて見せたのだった。

「お、いいね、この弟子ケイター」

な。ぬ。む、むむ。もしや、これこそが。

俺が当てずっぽうで買った防湿庫は、別名をデシケイターというのであった。

逆方面からの恥ずかしさが波のように押し寄せてきて、瞬く間に俺はその恥ずかしさのなかに沈んでいった。

以来、その恥ずかしさの海中で、えら呼吸をしながら生きている。

4

一点豪華主義

一点豪華主義という考え方がある。

例えば、白米を敷き詰めた重箱に天ぷらを載せ、甘辛いタレをかけて食べる料理を自作して食べることにする。

幸いにも自給自足の生活を目指して就農していたので、米については普段から困っていなかった。豊富ではないが芋や南瓜《かぼちゃ》などを畑で育てていて、近くの山林では茸や山菜の類もいくらか収穫することができる。これだけで十分に美味しい天重になりそうなところへ、近所の爺さんが今朝方に港で釣り過ぎたカタクチイワシを差し入れてくれた。ほとんど入れ食い状態だったと言う。

完璧としか言いようのないシチュエーションにも、天重を台無しにする可能性は潜んでいる。

海の幸と山の幸のマリアージュ、みたいなフランス語を無批判に使っていると、衣がベトベトの天ぷらが揚がったり、あるいは天ぷらのつもりが素揚げと天かすに成り果てたり、「そもそも天ぷらとは何か」という問いが立ち上がって右往左往したり、その間に黒焦げになったり、という厄災に巻き込まれてしまうかもしれない。

このような場合には、近所の惣菜店や小料理屋に材料を持ち込んで調理してもらうことで、前述した厄災などから逃れて、美味しい天ぷらにありつくことができるだろう。食材は自足しているので食材費がほぼ無料、よってリソースを「揚げる」の一点に集中することができるのだ。

音源の制作においても、このような状況はあり得る。ということを俺は述べたいのだけれども、俺が先に書いた例えでは、食材もそこそこに豪華なので一点豪華主義とは言えないのではないか、という突っ込みを入れる人がいると思う。

が、もう一度、この本の冒頭まで遡り、ここまで読み返してみて欲しい。

俺はほとんど荒野と思しき土地を自ら開墾し、大脳の表面がツルツルになるような危機を何度も乗り越えて、自分の田畑にあたるコールド・ブレイン・スタジオを完成させたのだ。

それ以前の俺は、地主に地代を納めながら、さらに収穫から年貢を差し引かれるような小作農であったともいえる。現在は曲がりなりにも小さな農地を得た。

お前のスタジオは賃貸なのだから依然として小作農ではないか、と問う人があるかもしれないが、それは断じて違う。六行くらい使って反論したいところだけれども、小さなクレームにねちっこく反論していると話が一向に進まない。時間と紙の無駄なので割愛する。

俺は荒野に様々な機材を運び込み、土壌なども改良して荒れ果てた土地の農地化に成功した。食材を自ら収穫できるのは労働の成果であり、それだけでなく俺は文献を読むなどの勉強も怠らなかった。

農業的な努力をなきものとして、農産物のすべてを「天の恵み」とする向きが世の中にはあるけれども、農家の努力がなければ、コイン精米所で精白された米が出てくる、居酒屋で畜肉が串に刺されて焼かれている、トウモロコシが粒々コーンとしてスープに入っている、みたいな状況に辿り着かない。農産物の半分以上は「人力による恵み」だ。つまり、コールド・ブレイン・スタジオにおける食材が豪華なのは俺自身の努力によるもので、俺にとっては豪華でもなんでもなく当たり前の結果なのだ。

これまでは他者が所有するスタジオに多大な金銭を支払いながら、音源を制作してきた。

当然、予算という大問題と正面から向き合わなければならなかった。

録音におけるスタジオ代はミュージシャンや制作スタッフを最も悩ませる事案のひとつだ。できることなら、気がすむまでスタジオに入り浸って、楽曲に対する様々なアプローチを試したい、と考えるのがミュージシャンの常だろう。

そこで、ロックアウトという料金システムを使って、スタジオを丸一日(十〜十二時間)押さえて録音作業を行なうことになる。時間単位で借りるよりも割安なのだ。

さあ、存分に楽曲制作に打ち込めるぞ。やるぜ。と思いきや、夜が更けるにつれて、今度は「何時に終わるべきか」というような問いが横っ面から衝突してくる。成果の有無にかかわらず、契約の時間を過ぎると割高な延長料金が発生するからだ。

予算のことを考えれば「撤収」と宣言したい。だが、メンバー一同が音楽的に盛り上がり、いろいろなアイデアが湧き出ている様子だ。こんなタイミングで作業の終了を宣言すると、音楽に対する理解のない人間だと思われてメンバーの信頼を失ってしまう。現場が崩壊してアルバムも未完に終わるかもしれない。制作スタッフたちはこのようにして、日夜、予算とクオリティの狭間で右往左往しているのだ。

その点、自分のスタジオや作業スペースを持つことができれば、予算や時間の問題が解決する。自分で録音技師を務めることができれば、人件費も節約することができる。

かくして、本来はスタジオ代として支払うはずだった資金が丸々と手元に残った。このお金をどうしてくれようか。今月の晩のおかずを一品増やしてみようかしら。あるいは、普段は饂飩《うどん》チェーンでサクッと済ましている昼食を、ボサノバなどが流れる洒落たカフェのランチへと格上げしてみようかしら。発泡酒はやめて、晩酌にビールを飲もう。と考えてしまいがちだけれども、それは良くない。

安く済んでラッキー、じゃあ、別のことに使っちゃおうかな、みたいなメンタリティで、皆が様々な現場の制作費を削っていったらどうなるだろうか。端的に、音楽業界全体の中をぐるぐると環流する資本が減ってしまう。スーパーマーケットや総菜屋、洒落たカフェ、ビール・メーカーなどは隆盛を極めるかもしれないが、音楽業界は徐々に貧しくなって行くにちがいない。

そう考えると、予算はちゃんと消化したほうがいい。

ここでようやく登場するのが、冒頭に書いた一点豪華主義だ。節約によって得た資金を、別の作業に的を絞って投入する。そうすることで、その作業の質を飛躍的に高めることができる。

新しい機材や楽器を買うのもいいだろう。腕利きのミュージシャンを雇って演奏してもらうのもいい。あるいは、やはり録音は環境で決まるという結論に達し、元に戻って豪華なスタジオを借りてもいい。どこにいくら使うのかは、個人の自由だ。選択と焼酎、じゃなくて集中、みたいな感じだ。

というわけで、俺はコールド・ブレイン・スタジオでチクチクと自分のソロ音源を自分の手で録音し、浮いたスタジオ代は演奏や録音を手伝ってくれた友人たちへのギャランティにまわして、ソロアルバムの制作を進めた。

貸しスタジオを借りなければいけないこともあったけれど、録音にかかる費用のいくらかは節約することができた。

よし。残りは豪華に使おう。

俺は航空券を買ってアメリカで三番目に大きい都市、シカゴに向かった。

三番目に大きいということは日本でいうと名古屋だがや、みたいな気持ちで訪ねたけれど、シカゴは有名建築家たちが設計したビルディングが連なる大都市だった。味噌カツはなかったけれども、妙に分厚いピザが売られていた。名古屋とシカゴに共通する何かを見つけたような気分になった。

スタジオ代をケチってアメリカ観光かよ。という疑問を持つ方がいても仕方がないだろう。まだ旅の目的を書いていない。

勘のいい人は気がついているだろうけれど、もちろん、俺はシカゴへ観光に出掛けたわけではなかった。シカゴ在住のミュージシャンであり、エンジニアでもあるジョン・マッケンタイアのスタジオでアルバムを完成させるべく、遥々日本からシカゴにやってきたのだ。

シカゴ音響派の重鎮と呼ばれた彼のミックスによって、俺が録音した音たちは在るべき場所に配置されるだろう。アルバムの完成を思って、興奮していた。心拍数が上がって、身体中をマグマのように熱い血が巡った。

空港から外にでると、大変なことになっていた。

シカゴには数十年に一度の大寒波が到来していて、外気温はマイナス一六度であった。脳みそが比喩でなくリアルに凍るほどの寒さだった。

痛いシカゴ

ソロアルバムのミックスのために訪れたシカゴは、数十年に一度という猛烈な寒波が到来して、気温がマイナス一〇度以下の日が続いていた。

シカゴのみならず、大寒波はアメリカの広範囲に押し寄せ、動画サイトには噴水やら滝やらの凍りついた映像や交通網が麻痺している様子が投稿されていた。なかには鹿や狐などの動物が立ったまま凍りつくという恐ろしい動画もあった。

俺は寒さに弱い。

なぜならば、日本のなかでも比較的温暖な静岡県出身だからだ。

なにしろ、静岡県では滅多に積雪という現象を目撃することがない。数年に一度、「一応、地球には雪という気象もあります」と誰かが申し開くかのような降雪があるのだけれど、降ったそばから溶けてしまう。

それでも降雪自体が珍しいので、日中に雪が降るようなことがあれば多くの学校で学級崩壊さながら、生徒だけでなく教頭クラスの先生まで窓際に張り付いて、「わぁ」とか言いながら、雪がチラつく風景に見入ってしまうのである。

そんな温暖な地域出身の人間が獣も立ったまま凍るほどの大寒波に遭遇したらどうなるのか。

それはもう、絶望するしかない。

寒い、を通り越して、シカゴの外気は痛い、だった。酸素やら窒素やら二酸化炭素やら、空気の一粒一粒がなんらかの方法で尖って、尖ったうえにねっとりとしたローション状になって空間を満たし、全方位から刺してくる、みたいな状況に思えた。

百姓一揆に囲まれた代官はこのような気分だったかもしれない。あるいは、室町時代には山伏の一団に邸宅を取り囲まれて金品を要求される大名などがあったそうだけれども、四方八方から不条理が押し寄せてくることと寒波の襲来は似ているかもしれない。そのような空想が脳内に立ち起こる前に凍りつき、カチコチに凍った空想で釘が打てるほどの痛寒さだった。もう少し分かりやすく言うと、何も考えられないほど寒かった。

スタジオ作業は翌日なので、ホテルからは出ずにのんびりと過ごそう。

そうした建設的な考えを持てる人がうらやましい。ベネフィットとリスクについて適切な判断を下し、事業などを起こして社会的に成功するのだろう。なるほど、ホテルの窓の外をよく見れば、世界的な名建築とやらが屹立《きつりつ》している。このような寒い街に住む人々は、寒波が来ると痛いほど寒いというリスクを超えて有り余るベネフィットをこの土地から享受し、成功を重ね、いつしかシカゴは美しいビルディングが立ち並ぶアメリカで三番目に大きな都市になったのだろう。

ところが、俺は前述したように静岡県の出身であった。積もりもしない程度の降雪で校庭に飛び出す部族の民であるからして、ホテルに面した河川が凍りついている、みたいな風景を前にして『うっかりしたら死ぬほど寒いので外出はよそう』という建設的な思考を保持する能力がなかった。

おまけに、体験したことのない寒さでまともな判断ができなくなっていた。

そうした理由から、「せっかくシカゴに来たので美術館へ行きましょう」という言葉が口から滑り出てしまったのだった。

スタッフたちは内心に「このような寒さの中を突き抜けて芸術の鑑賞を望むとは、やっぱりアーティストの端くれだね。さすがだね」とつぶやくのではなく、「正気なのか」という疑問を怒声のごとく脳内に響かせたことだと思う。

我々はタクシーでシカゴ美術館へ向かった。

シカゴ美術館はアメリカ三大美術館のひとつということで、大変に素晴らしい展示内容だった。そして広大だった。このようなシンプルな感想しか出てこないのは寒波のせいであって、俺の語彙力の問題ではない。と思いながら美術館の外に出ると、来たときよりも気温が下がり、体感では三倍くらい寒いように感じられ、おまけに雪まで降りだしていた。

これはかなわない。寒い。いっそのこと死んでしまいたい。いや、むしろ今生にできるだけ長く留まっていたい。早くホテルに戻りたい。と俺は思った。

ところが、タクシーがまったく捕まらなかった。

仕方がないので、スタッフたちとホテルまでの数ブロックを歩いて帰ることにした。歩いている間に、雪はあと少しでホワイトアウトするのではないかという勢いに変わった。とっさに南こうせつの顔が思い浮かんだが、寒さと降雪のせいだったと思う。

翌日はアルバムのミックスをお願いしたジョン・マッケンタイアと作業をするべく、彼のプライベート・スタジオである「Soma」へ行った。

スタジオは東京で言うと下北沢、大阪でいうとミナミと称される地域のどこか、ソウルでいうと弘大《ホンデ》のような、文化的な施設があるような街の一角にあった。

「Soma」にはミックスなどを行なう部屋とは別に、グランドピアノが置けるくらいの録音ブースと、事務などを行なうガレージのようなスペースがあった。うらぶれた商店街の一角の弁当屋の地下階にある我がコールド・ブレイン・スタジオの三倍から四倍の広さのスタジオが街中にあるのだから、家賃だけでも大した額になるはずだ。

近年、世界中で大きなスタジオが閉鎖される傾向にある。デスクトップなどのコンピューターだけで音楽が作れるようになり、ミュージシャンたちの楽曲制作の方法が変わったこともひとつの要因だ。レコード会社が制作費を削減せざるを得ない経済的な事情なども絡んでいる。

そうした時代において、このように立派なスタジオを維持管理していることは素晴らしい、という旨をジョン・マッケンタイアに伝えると、「もうちょっとしたら移転するもんで」とのことだった。彼も時代の流れには逆らえず、もう少し小さなスタジオに移って制作環境を変えるらしい。

それはさぞかし悲しいことだろう。そんなことも知らずに無神経なことを言ってしまったと後悔した。ところが、彼からはネガティブな雰囲気はあまり感じられず、「アナログ機材も最近ではコンピューターがシミュレートしてくれるし、性能もデラ良いもんで十分だがねぇ。それよりも、どうしてこんなに寒い時期にシカゴに来ただか。信じられんよ。今度は夏に来て湖のほとりでビールでも飲んだらええよ」と俺に言うのであった。

今度は別の角度から後悔の念が押し寄せてきた。本物のシカゴっ子からしても、シカゴの冬は寒くて厳しく、今年の寒波は異常なのだろう。それなのに、わざわざ日本からノコノコと氷漬けになるべくシカゴまでやってきた男の曲など真面目にミックスなどできるか、と彼が考えても不思議ではない。

けれども、そんな俺の心配を他所にジョンは初めから終わりまでジェントルで、細かいこちらの要望に応えながら、丁寧に楽曲のミックスを行なってくれたのだった。結果、素晴らしい音源が完成した。

とても気分が良かった。

なんだかメモリアルなことがしたくなり、空港に到着して以来気になっているシカゴ特有の分厚いピザ、名古屋で言うところの味噌カツ、みたいな癖のスゴイご当地グルメを楽しみたい、という明朗快活さが全身にみなぎったけれども、そこそこに疲れていたので、ホテルの食堂で適当に食事を済ませて、この日は休んだ。我ながら建設的な判断だった。

ところが、深夜に目が覚めてからが地獄だった。

身体の節々が猛烈に痛み、力が入らない。寒気もする。どうやら風邪をひいてしまったようだった。

思えば、ジョンも鼻水をジッコジッコすすったり、スタジオの隅で咳き込んだりしていた。ウィルスの潜伏期間を考えると彼を疑うわけにはいかないけれど、シカゴのどこかでウィルスをゲットしたのは明らかだった。

そのまま、日中の予定をキャンセルしてホテルで丸一日寝込んだ。

翌々日も体調はすぐれなかったけれど、現地のカメラマンとの撮影の予定が組まれていた。なんとか気力を振り絞って、半分の時間に短縮してもらった撮影を極寒のシカゴ市街で敢行し、ホテルに戻ってひたすら寝た。

ホテルの客室係たちがとても優しくて感動した。

そして、ふらふらのまま最終日を迎え、ふらふらのまま飛行機に乗って、ふらふらのまま帰国した。飛行機に乗っている間は食事をする気にも映画を観る気にもなれず、とにかく寝ていた。その間中、鼻腔では何かが激しく燃えているのではないかという痛みが続いた。

今度は夏に行きたい、と心の底から思った。

かくして、俺のファースト・アルバムに収録される楽曲のミックスが完了した。

生きる気力を奪い取る地獄のような寒さだったが、シカゴ在住の巨匠の手によって、すべての音があるべき場所に配置され、それぞれの音が魅力的に振動する素晴らしいサウンドに仕上がった。

思えば、完成までには様々な音楽的苦労があった。

何しろ、ソロ活動はバンドに比べてやらなければならない仕事の量が多かった。

音楽をはじめて以来、四、五人で行なってきたアレンジ作業をひとりでやるのだから、仕事の量が増えるのは当たり前だろう。そんなことは覚悟の上だったのではないか、と問われれば、確かにそうだよね、としか答えようがない。

これまではドラマーが思いつくまま叩くリズムパターンにダメを出し、コード進行やグルーヴについての要望をベーシストに伝え、ギタリストに嫌味を言いながら自分の演奏パートを考えていれば、いつの間にか個々の楽器の演奏がそれなりの場所に着地して、これぞと思えるバンドサウンドを得ることができた。これが噂に聞くバンドマジックというやつだろう。

ところが、辞書でソロという言葉を引けば「歌唱、楽器演奏、演技などをひとりで行なうこと」と書いてある通り、すべてをひとりで行なわなければならない。

と書くと、多くのソロ・ミュージシャンはたったひとりで音楽を完成させているのか、それはすごい、逆にグループやバンドなどで活動しているヤツはなんだか狡《ずる》いじゃないか、バンドなどぬるま湯だ、ソロ・ミュージシャンを見習え、説明責任を果たせ、あるいは辞職せよ、と思う人がいるかもしれない。

けれども、すべてのソロ・ミュージシャンがたったひとりで音楽的な作業を行なっていると考えるのは早計だ。彼らにはアレンジャーという編曲に特化したミュージシャンがサポートに付いていることもある。なかにはアレンジャーに鼻歌程度のアイデアを丸投げすることによって楽曲を完成させ、演奏は凄腕のプロの楽器奏者に任せて、自分は歌うことだけに専念するミュージシャンもいる。場合によっては歌うことすらままならず、放蕩《ほうとう》と怠惰に専念する者もいる。

このような事実を知ったからといって、ソロという言葉の辞書的な意味に背いているソロ・ミュージシャンを責めてはいけない。

なぜならば、楽曲制作のすべてをひとりで行なうのは大変だからだ。

例えば、これが牛丼だったらどうだろうか。

何年か前にスタジオと民宿が一体となった施設で行なわれたレコーディング合宿に参加したときのことだ。

その施設はご飯が美味しいと評判のレコーディング・スタジオで、昼食と夕食を専属のシェフが拵《こしら》えてくれる。ロビーも広く、深夜まで酒盛りをすることも可能だ。本当に素晴らしいスタジオだと言える。

ところが、朝食は用意してもらえない。スタジオが動き出す時間も遅く、宿泊棟の清掃や解鍵などを行なうスタッフたちも、のんびりと昼前くらいに出勤してくるのだ。

確かに、レコーディングは夕方から深夜にかけて佳境を迎える現場が多い。ほとんどのミュージシャンが夜型の生活に慣れていて、朝食を用意しても誰も食べないということが少なくなかったのだろう。よって朝食は廃止され、代わって昼食が提供されるようになったと想像する。

俺は極度の朝方人間なので、できることなら朝食を食べたいと常々思っている。軽めの朝食を摂り、珈琲を飲みながらメールの返信や原稿などの仕事を午前中のうちに済ませ、午後から音楽作業を行なうというルーチンを理想としている。だから、なんとしても朝ご飯が食べたかった。

冷蔵庫に何か残飯があるかと開けてみると、飲みかけのウイスキーや焼酎の瓶、買い置きと思しきビールがあるのみだった。

仕方がないので、外をプラついて朝食を食べられる店を探した。が、スタジオは田舎町の住宅街に建っているため、近所には朝からラーメンを提供する奇矯なラーメン屋と牛丼チェーンしかなかった。

ラーメンか牛丼。軽めの朝食を摂りたい俺にとっては究極の選択だった。

地方の国道沿いの絶望的な飲食環境を目の当たりにして、脳みそがキンキンに、悪魔的に冷えていく感じがしたけれど、よくよく眺めると牛丼チェーンは朝の定食メニューを掲げていた。俺は迷わずに牛丼チェーンに入店した。

それなりに広い店内には客がまばらに座っていて、カウンターテーブルの向こうでは不機嫌そうな婆さんがひとりで忙《せわ》しなく牛丼やら味噌汁やらを盛り付け、客に提供していた。婆さんの配膳作業が一息ついた感じだったので、俺は婆さんに声をかけて朝定食を注文することにした。

メニューを眺めると、法外と思える価格の定食がずらりと並んでいた。外食するくらいなら自分で作ったほうが安いじゃん、などとうっかり語ってしまいがちだけれど、そうした認識がメタメタに破壊されるほどの低価格だった。

間近で見ると、婆さんは不機嫌というより、望んでもいないのに無理やりこの店で働かされています、というような顔をしていた。皺というよりは乾いた水たまりがヒビ割れたような土色の肌をしており、覇気がまったく感じられず、呪いのようなオーラを全身にまとっていた。また、帰ったら酒浸りの夫に殴られます、というような負のエネルギーも発せられているようにも感じた。

そして、婆さんは超低空飛行のぶっきらぼう、みたいな感じで俺の注文を受けて、納豆定食の準備をはじめたのだった。

提供された納豆定食はとても美味しかった。この価格でこの味、みたいな感動が婆さんの陰鬱さを吹き飛ばすように胸の内に広がって、気分が良かった。

一方で、婆さんの時給を賄《まかな》うためには、どれほどの納豆定食が一時間に販売されるべきかについて考えると、とても暗い気持ちになった。

このような破壊的に安価な定食を客たちが嬉々として貪《むさぼ》ることで、企業はその破壊的な価格を維持するために人件費を節約する必要に迫られるのだろう。原材料費は変動するので、安定的な利益の確保と低価格の維持には人件費の削減が欠かせない。そのような理路によって、この店のように婆さんがたったひとりで、呪詛《じゅそ》みたいな顔をして早朝から納豆定食を作る羽目になっているのかもしれない。

悲しい。婆さんよ、どうか幸せに。せめて、朗らかで心優しいバイト仲間が加わりますように。そして時給がアップしますように。

と思うのが人の情だろう。


もちろん、牛丼屋で抱いた婆さんに対する憐憫《れんびん》はソロ・ミュージシャンにも向けられるべきで、辞書に書いてある通りに従って楽曲制作のすべてをひとりで遂行せよ、などという乱暴な言葉を投げつけてはいけないということは、改めて説明する必要のないことだと思う。

では、音楽業界にワンオペは存在しないのか。

そうした問いに対しては、存在すると即答したい。事実、俺のファースト・アルバム作業の大半はワンオペだった。

ドラム音源をひとつずつマウスで摑んで、人間が叩いたかのような訛《なま》りを付け加えて行く作業は、右手がマウスと一体化してもげてしまうくらい地味だった。目が乾いてシパシパした。茶碗に湯を張って眼球ごと入れたいくらいであった。

また、自分でマイクを立て、自分で演奏しながら機材のメーターやエフェクトのかかり具合、あるいはレコーダーに録音されている音量などをチェックするのは至難の業、というよりは単純に面倒だった。エンジニアがいてくれれば五分で終わるような音作りも、三倍から五倍の時間がかかってしまうのだった。

こうしたワンオペ的な苦労を乗り越えて完成したのが『Can't Be Forever Young』というアルバムだ。

俺の顔肌が土色になってヒビ割れ、そのヒビから呪詛のようなフィーリングが溢れ出すことを防ぐためにも、この文章を読んでいるあなたにこそ聴いてもらいたい。

そうでないと俺はワンオペの亡霊になって、世界を丸ごと呪ってしまう。ような気がする。

聞いてみるシリーズ（前編）
――「カンジェネ」海外レコ

文化の違いというのはときに人を唖然《あぜん》とさせる。

藪《やぶ》から棒に何を言うのか、と思う人があると思うけれども、そういった違和感が解消されることを祈りながら、俺が所属しているバンド、アジアン・カンフー・ジェネレーションが行なった海外レコーディングにおける実体験を記してゆきたいと思う。

ソロアルバムの完成した後、プロモーションやらツアーやら、食事会やら初詣やらサマーバケーションやら、冠婚葬祭、就職や離職、無職、アルバイト、などを経たり経なかったりして、俺は自分の所属するバンド、通称「カンジェネ」のメンバーたちとロサンゼルスで新しいアルバムの制作に取り掛かっていた。

使用していたスタジオは、世界的に人気があるロックバンド、フー・ファイターズのフロントマン、デイブ・グロールが所有する「６０６スタジオ」だった。

「606スタジオ」のメイン・ブース（バンドが演奏する場所）は小学校の体育館程あった。天井はちょっとした球技の試合を行なえるくらいの高さで、隣接するガレージには百数十本の弦楽器と数十台のギターアンプが収蔵され、コンソール・ルーム（録音やミックスを行なう場所）には一億円以上するミキサーや高価な機材が設置されていた。コールドブレインでの俺の苦労はなんだったのだと途方に暮れるくらいの、夢のようなスタジオだった。

お前らのごとき極東アジアのポコチンロックバンドがどうして世界的なバンドのスタジオを借りられるのか、どんな不正を働いたのだ、ふざけるな、議事録や日報を提出せよ、と怒りに震える有権者の方々もいると思う。

けれども、「貸して欲しい」と申し込んでみたら「いいですよ」と返信が来たのだから仕方がない。喜んで使うのが道理ではないかと俺は思う。

俺たちのチームが普段から座右の銘のように心の奥底、とまでは言わないけれど、人間の身体に心なる場所があるとして、そこに入って割と直ぐの膜、心膜のあたりに打ち据えているのは「聞くだけならタダ」という言葉だ。最近では「聞いてみるシリーズ」と呼び代えている。どう考えても実現しないような案件も、実現可能か問い合わせてみるのは無料なので、とりあえず聞いてみる。そうすると、存外に先方がオープンマインドな団体や個人だったりして、オファーを快諾してもらえることがある、という現象を表した言葉だ。もちろん、にべもなく「NO！」と即答されたり、あるいは申し込みそのものをなかったこととして無視されたり、うまく行かないこともある。けれども、聞いてみないことには何も始まらない。何はともあれ聞いてみる、というのがこの「聞いてみるシリーズ」なのだ。読んで字の如し、だ。

というわけで、そんなシリーズの第一二話くらいの話として(全一三話)、俺たちは「606スタジオ」に居た。

アメリカの有名ロックバンドが所有するスタジオでは、当然、アメリカンロックの伝統的な様式や録音技術をエンジニアたちが継承している。その一端に触れられる可能性があることは、この上ない喜びだった。

そして、どうにかしてコールド・ブレイン・スタジオにも、そうした技術の切れ端を持って帰りたいと俺は考えていた。狭くたって技術と志は高くありたい。

さて、どこから教えてもらおうか。

などと興奮して脳内のあらゆる部位を解凍し、ズルズルの液体を沸かしあげている傍で、冬眠前のグリズリーのような巨漢アメリカ人ドラムテックに、俺の所属しているバンド、通称「レイション」のドラマーが「弱い！　弱い！」と叱咤されていた。

日本人のドラマーのなかでも特別に打音の小さい部類ではなく、どちらかと言えばそれなりに音の大きなプレイヤーである彼が「ソフトタッチ（笑）」と言われている。確かに巨熊のようなドラムテックは、ドラムセットを叩くというよりはしばいている感じで、ズシズシと繰り出す打音の一発一発が濃密に感じられた。握りすぎた握り飯、みたいな圧があった。

なるほど、全力で太鼓を叩き殺すような感じこそがアメリカンロックの8ビートの真骨頂なのだな、と感心しながらコンソール・ルームに入って行くと、エンジニアたちが壁に埋め込まれた巨大スピーカーでドラムサウンドをチェックしていた。

ドスッ。ボスッ。ダダダ。ダシッ。という単音のチェックから、ドラムス全体を使った8ビートの試奏音が部屋全体に響いて、胃袋を下から突き上げるような振動を感じた。比較的小さなモニタースピーカーを使って音作りをする日本では、なかなか見られない光景だった。

デカい音をデカいスピーカーでチェックする。

こうして活字にすると、巨大中華鍋に盛られた餡《あん》かけチャーハンをオタマで食べているような、何とも言えない間抜けさがある。けれども、同時に、袖を引きちぎった黒地Tシャツを革パンにインしたコスチュームのまま、ハーレーダビッドソンに跨《また》がって真夏の国道を流している一団のような男らしさも感じるだろう。

実際には、エンジニアたちがドラムサウンドをチェックする様子からは、特盛餡かけチャーハン的な間抜けさは感じられなかった。

豪快でありながら、繊細に各音の音色が調整されて、これぞアメリカンロックという音像で演奏が録音されていった。現場の録音スタッフたちは一様に、ドラムの録音に対して、並々ならぬこだわりも持っている様子だった。

聞いてみるシリーズ（後編）
――「アカフー」海外レコ

ところが、ベースの録音になるとスタッフたちの様子がおかしくなった。

現場のオペレートを我々が日本から連れてきたエンジニアに任せて、各自、コミック雑誌を読んだり、居眠りをしたり、あるいは席を外したり、など、思い思いの時間を過ごしはじめたのだ。そのうちのひとりがこっそり鼻クソを食べても、誰も気づかないような無関心がそこにはあった。

また、よく観察すると、ベースアンプのスピーカーはギターアンプのブースよりも明らかに格式の低いスペースに設置されていた。それはブースというよりは建物の裏の納戸、みたいな感じの部屋で、演奏途中に部屋ごと朽ち果ててしまっても構わないとでも思っているかのような待遇だった。

なんという落差だと憤ることもできたが、時差ぼけのピークにあたる日程と、時差ぼけのピークにあたる時間帯が重なったため、そうした義憤とは別に俺は濃い睡魔との闘いに没頭しなければならなかった。

そして、このままでは寝てしまうぞと自分を鼓舞しながら試しにゆっくり瞼《まぶた》を閉じ、打ち克ったと喜んで再び開いたときには、残念ながらベースの録音が終わっていたのだった。

続いては、ギターの録音だ。

ギターアンプのヘッドやペダル型のエフェクターを並べて設置したボードなどをコンソールルームに運び込み、音作りの準備を始めると、スタジオの空気が一変していることに気がついた。

スタッフたちが再び集結していたのだ。

それからの作業は、プロフェッショナルの営みでありつつ、好きでたまらない人たちが集った同好会のような雰囲気で、皆の身体からは活き活きとしたエネルギーのようなものが吹き出し、それぞれの瞳は爛々《らんらん》としていた。苦々しいベース録音のアフターパーティーといったような様相でもあった。

俺の所属しているバンド、通称「アカフー」のベーシストはさぞかし悲しい顔をしているだろうと、彼の様子を眺めてみると、時差ぼけと冷遇の影響で気を失ったように眠っているところだった。かわいそうなことだと思った。

せっかくアメリカのスタジオに来たのだから、本場のギターサウンドの音作りを継承したい。そう考えていたことは前述した通りだ。

なので、俺は、素直にアメリカ人のエンジニアにギター録音のときの秘訣を聞いてみることにした。

「俺はフー・ファイターズのアルバム、特に『Wasting Light』のギターの音色が大好きだ。どうやったら、あのような素晴らしい音でギターを録音することができるのか、それを教えて欲しい」

率直に、このような言葉をぶつけてみた。すると、エンジニアは満面の笑みでこう答えた。

「コツ？　いいか、お前はイカしたギタリストだ。リラックスして弾け」

「…………」

エンジニアは、聞き返しても何も答えそうにない笑みを湛《たた》えたままだった。任せておけ、というドヤ顔にも見えた。

仕方がないので、言われたように、リラックスしてギターを弾いた。録音スタッフたちは最初から最後まで盛り上がっていた。

結果、ギターはこれまでのアルバム制作のなかで、もっとも良いと断言できる音像で録音されていった。世の中には言語化されないまま共有されて、丸ごと受け継がれてゆくものがあるのだと、このときに理解した。

それに名前をつけるならば、コツというよりは文化と呼んだほうが近いだろう。どんな音を良い音だと考えているのか、ということが技術として、文化として、スタッフたちの身体を通して、「場」としてのスタジオに張りついていた。

俺はくよくよと考えることは止して、たっぷりと息を吸い、そこにあるフィーリングを丸ごと感じて帰ることに決めたのだった。

ベーシストは旅と疲れと冷遇からのストレスで、さらに深く眠っていた。

ドラマーはスタジオのロビーで鼻クソを食べていたような気がするが、幻視かもしれない。

5

ここ数年、珈琲を豆から挽《ひ》いて淹《い》れることに凝《こ》っている。

と書くと、焙煎機を自前で購入するような珈琲道の求道者たちから、お湯の温度の高低だとか、ドリップ用の機器の性能と性質だとか、焙煎の浅深だとか、ありとあらゆる拘《こだわ》りを投げつけられたり、作法を一方的に否定されたり、「珈琲とは何か」という面倒くさい問いについて議論を吹っ掛けられて叱られたりしないかと、いろいろ考えてしまってなんだか怖い。

なので、正確を期してここに書き直せば、俺は求道的な精神で珈琲の淹れ方に凝っているわけではなく、自分の技量の範囲において最大限に美味しい珈琲を飲むこと、に凝っている。しかも、その凝り方も極めて利己的で、例えば、紛争解決に役立ちたいとか、数学界の誰しもが解けないでいる数式を解きたいだとか、青色発光ダイオードを発明したいだとか、そういった社会への有用性と結びついた願望とは逆の、きっちり四方の閉じた箱庭的な自己満足のなかで、凝っている、というか執着している。

簡単に言ってしまえば、「自分が美味しいと思う珈琲を自分で淹れる」ということなのだけれども、これが案外難しい。

音楽の場合は極端な話、音が出てしまえば何でも「音楽だ」と言い切ることができなくもない。ドレミの柵《しがらみ》から逃れてしまえば、自宅の納屋のバケツや如雨露《じょうろ》、束子《たわし》、網戸、木戸、木炭、七輪、火鉢、箒《ほうき》などを適当に打ち鳴らして、打音に面白みを感じたり、一定のリズムを反復させて踊ったり、トランスしたりできる。技術がなくても、魂を解放すればよいだけの話だ。

けれども、珈琲の場合はそうはいかない。

同じく納屋に放置してあった網戸の網の上にスーパーマーケットで買ってきた豆を挽かずに打ちまけ、シャワー付きのホースで水を上から掛け流しても、一滴の珈琲も得られない。魂を解放しながら、網戸から流れ落ちる水を啜ったところで、美味しい珈琲ですね、という気分にはならないのだ。

仕方がないので、雑誌などを買って読み、インターネットで検索して、俺は珈琲の一般的な淹れ方を学んだ。

なるほど、珈琲は奥が深かった。様々な媒体に掲載された有益な情報を読みながら、こうして俺が珈琲に対する知識を読み齧《かじ》ることができるのも、珈琲道に邁進するマニアたちの努力とサービス精神があってこそだと思った。

彼らがいくらかのノウハウを初心者に提供してくれるからこそ、俺は網戸に珈琲豆を打ちまけることなく、手動のミルを適当なメモリに合わせてギリギリと豆を挽き、それをフィルターの上に広げて、それなりに美味しい珈琲にありつけている。

ありがたや、ありがたや。


最初のうちは自宅だけで謙虚に楽しんでいた珈琲であったが、段々とコールドブレインでも淹れられないものかと俺は考えはじめた。

というのも、コールドブレインの近くにはコンビニや喫茶店がなく、作業の合間に珈琲でも飲もうかしらと思った場合、徒歩で五分くらい歩いて行かねばならない。それだと休憩というよりは作業の中断という感じになってしまって具合が悪い。

さらには、うっかり出先の喫茶店でピザトーストを注文したり、コンビニで唐揚げとビールなどを買ったりして、中断というよりはほとんど終了という気分になってしまう。

そういうわけには行かないので、珈琲を飲みたい場合には、スタジオ脇の自動販売機で無糖の缶珈琲を買うことにしていた。

ところが、珈琲を自分で淹れて飲んでいると、不思議なもので、缶珈琲では自分の珈琲欲を満たせないようになっていった。

別に不味いというわけではなかった。メーカー各社の開発担当の努力によって、缶珈琲はどんどん美味しくなっていると思う。けれども、自分の好みの珈琲の味とは違う。豆を挽いて淹れる珈琲に比べると、様々な部分で何かが若干割り引かれている感じがするのだ。それは実際にライブに参加するのとライブDVDを観ることくらい違うようにも感じられた。

というわけで、俺は自宅の納戸に仕舞い込んであったホーロー製のポットと、ケメックスという会社の珈琲メーカーをスタジオに運び込んだ。どちらもプレゼントでもらったものだったが、自宅用としてはサイズが大きかったために使ったことがなかった。

それから近所にある複数の珈琲豆屋を巡って、いろいろな豆を試した。少しずつ自分で淹れた珈琲が美味しくなっているようにも感じられたし、好きな豆の産地や焙煎の度合いもわかるようになった。ひとりで作業するときだけでなく、来客がある際には珈琲を振る舞うようにもなった。

ところが、仮に心が歯のような形状であるとするならば、中央に生えた二本の前歯の間に、爪楊枝を使ってもフロスを使っても取れないような問題が引っかかり続けていた。それはスタジオの珈琲が自宅で飲む珈琲よりも何だか不味い、という問題だった。

珈琲豆は、いつもの店の浅煎りの豆だった。もちろん、焙煎したての新鮮なものだ。それを飲む直前に挽いていた。条件としては申し分ないはずだ。

器具の問題かもしれないと思ったので、美味しい珈琲が評判の喫茶店のマスターに相談したところ、「ケメックス用の厚手の紙フィルターがいくらか旨味を吸う」とのことだった。吸われる分は割り引いて考えることにしたが、それにしても、自宅で淹れる珈琲に比べると、すっきりと抜けきらない味に感じられた。

大きな失敗というのは、失敗の大きさ通りのダメージを精神に受けるかと思いきや、思ったより傷が小さく、回復が早いことがある。失敗の程度にもよるので、生きていれば何度でもやり直しがきくじゃん、などと軽々しくは言えないけれども、気持ちを切り替えて進んで行くことが可能な場合が多いのではないかと思う。

それに比べて、小さな失敗をコツコツと重ねて行くほうが、後々になって取り返しがつかなくなって危ない。

小さな失敗は、精神に小さな傷をつける。大きな失敗に比べたら大した問題ではないと本人が気にもとめず、ケアもしないで放置し、同じような失敗を繰り返して行く。これがまずい。

例えば、自動車で電柱や鉄柵などに衝突し、バンパーが大破するなどして多額の修理費がかかったとする。これは大きな失敗だ。すぐにディーラーや自動車整備工場に連絡してバンパーを修理するか、「買ったほうが安い」という助言を受けて、車を買い直すと思う。

一方で、ガードレールで車の側面を少しだけ擦《こす》ってしまったとする。これは小さな失敗だ。そういう場合はオートバックスなどで紙ヤスリや塗料の類を買って、自分で簡易的な塗装をして誤魔化す、あるいは、少しの傷だと開き直ってそのまま乗る、という選択を行なう人がほとんどだろう。

ところが、翌日も擦る。次の次の日くらいにも擦る。オートバックスに行く。擦る。今度は放置。擦る。バックス。擦る。放置。擦る。バックスの駐車場で擦る。放置。擦る。面倒で以後放置。という感じで、車体を何かに擦りまくっていると、当たり前だけれど車が傷だらけになってしまう。ついでに、傷のない車に乗りたいという気持ちも失《う》せてしまう。

そろそろマズいかなと思った頃には、近所でも有名な傷だらけの車を乗り回す一家として疎《うと》まれ、回覧板が回って来なかったり、マンションや町内の会合に呼ばれなかったり、ひどい場合には車に石を投げられるなどして、引越しを余儀なくされることになるかもしれない。

何より、この場合に比喩として自動車に例えられているのは精神なので、知らぬ間に傷だらけになった精神をもとのツルツルピカピカにする難しさを考えると、誰もが恐ろしい気分になるのではないかと思う。

学校での陰湿なイジメの危ないところは、軽めのダメージの連続がいかに人間の精神を蝕《むしば》むのかということに尽きる。それと似たように、スタジオで飲む珈琲が日常的になんだか不味いということは、俺の精神を少しずつ取り返しのつかない状態に追い込むのだ。

珈琲が不味かったら紅茶を飲めばいいじゃない。そうしたマリー・アントワネット的な言葉を発する人があるかもしれない。けれども、そうやって暴君的な発想で問題を放置すると大変だということは歴史が証明している。

そんなことを考えていると、俺の脳みそは精神がズタズタになってしまう恐怖感でいっぱいになり、不味い珈琲を飲む度にギリギリと冷えていった。

冷静になるために、一旦、水を飲もうと思った。

買い置きのミネラルウォーターがなかったので、蛇口を捻って水道水を珈琲カップに注いだ。

海外ツアーに行くと「生水は飲むな」という忠告を受けて、水道水を回避することがほとんどだ。けれども、日本の水は美味しい。なんていい国なんだ。ビバ！　森と水の国。水道局の人に幸あれ！

そんなことを考えながら、グビリと水道水を飲んだ。

脳の頂点からつま先までが瞬時に凍りつくほど不味い水だった。

誰かが貯水タンクに何らかの薬剤か、うま味調味料ならぬまず味調味料を放り込んだのかもしれないと疑ってしまうような、犯罪的な不味さだった。

以後、水道水を使うことは止して、ミネラルウォーターを使うことで珈琲は普通に美味しくなった。

サンタクロースなどいない、という事実を受け入れたのはいつだったろうか。

思い起こせば、「ふたりで仲良く使ってください」と日本語で書かれた手紙が、サンタからのプレゼントに添えられていたことが決定打だったように記憶している。どこかで見たというよりは、常日頃からよく見かける筆跡だった。

サンタは煙突のない家にどうやって入ってくるのか、世界中の子どもたちをどのような方法でカバーしているのか、という端的な問いは端に置くとして、様々なファンタジーを飛び越えて、「日本語の読み書きが妙にできる北欧の爺《じい》」という生々しい設定のまま現実に片足を突っ込むのは、いくらなんでも無理があると子どもながらに思った。

けれども、そうした無理や矛盾や疑問をいちいち投げつけて行くと、サンタが誰かという問いはどうあれ、「この子は面倒臭い」と、両親なりサンタ本人なりが作る「プレゼントを与えるべき子どもリスト」から俺の名前が削除されてしまう。それではまずいので、ファンタジーをなるべく延命させる必要がある、と考えるのは子どもらしいことではないかもしれないが、世の中のほとんどの子どもはそんな感じで、クリスマスプレゼントという利益を最優先して、騙《だま》されたふりをしているのかもしれない。とりあえず流そう、みたいな感じで。

その後、俺が伝えたのか弟が言ったのかは覚えていないが、「王様は裸だ」的な指摘を経てサンタは来なくなり、十二月生まれの俺のクリスマスは誕生日と一体化した。残念な結果だった。

できるなら、あの頃に戻って、サンタからのプレゼントを無批判に受け取り続けたい。と思うのは、欲しいものが尽きないからだった。

例えば、コールド・ブレイン・スタジオの水回り。

上階の弁当屋の店主いわく、「前の使用者がデタラメに自作して、そのままいなくなった」というキッチンとトイレは、特に使い勝手の悪さこそなかったけれど、店主の言葉が呪詛のようにまとわりついて、なんだか絶望的な欠陥があるのではないかという疑念が心のなかに静かに横たわって出て行かなかった。

確かに、トイレは水洗式にもかかわらず、夏場になるとアンモニアのような匂いが内外に漂う。もしかしたら、デタラメな素人工事によって排水が地下スペースにそのままぶち撒けられる仕組みになっていて、自然の摂理を利用して汚泥をゆっくり分解するような、原始的というよりは法的にも衛生的にも問題のある構造になっているのかもしれない。

仕方がないので、水道屋に原因の究明を依頼したところ、建築物としての問題はないが、地下の物件なので排水槽に溜めた汚水をポンプでくみ上げる仕組みになっていて、どこからか匂いが漏れている可能性があるとのことだった。

そこで、排水槽の鉄蓋を留めているボルトを締め直してもらい、念のため排水槽と鉄蓋の間のゴムパッキンも交換してもらった。しばらくして、アンモニア臭問題は解決した。

けれども、弁当屋の店主の言葉がボディブロウのように効いて、トイレまわりの何から何までもが趣味の木工、ともすれば盗品の寄せ集め、みたいな感じで作られているのではないかという妄想を俺は打ち消すことができなかった。

せめて、便器だけでも新しいものに換えて気分を一新したい。ついでに温水洗浄便座を設置したい。そうした願望がむくむくと芽生え、凍りついた脳みそを突き破って鼻から発芽したのだった。

ところが、便器と一体になった温水洗浄便座の値段を便器メーカーのウェブサイトで調べてみると、どれも非常に高価で、カスタムショップ製のギター、あるいはドイツ製の高級コンデンサー・マイククらいの値段であることがわかった。

いくらなんでも値段が高すぎる。

このような高額な便器を購入してドヤ顔で設置した後、例えば、録音の最中に「マイクが一本足りないですね」的な状況に陥ったとしたらどうだろうか。

アジカンのメガネの人はプロデューサーやエンジニアとして仕事に関わっておきながら、機材ではなく便器に莫大な資金を投入している、というような噂が広まって仕事が著しく減少するかもしれない。

また、噂話は誇張される性質があるので、最終的には尻に対して並々ならぬこだわりをもっている、尻まわりには金を惜しまず一万円札で尻を拭いている、眼鏡を外すと両目が尻に似ている、などというデマを流布され、若手バンドマンたちの嘲笑の的になってしまうかもしれない。

それはマズいので、便器と一体型になっている製品は諦め、価格の安い温水洗浄便座を探そうと思った。

善は急げと近所の家電量販店へ出掛け、便器コーナーを見学したところ、各家庭の便座を取り替える方法で設置する温水洗浄便座は一体型に比べると破格の安さで、工賃を入れても安いマイク二本分くらいの値段だった。

どれにしようかな。やっぱりこの、ムーブ、みたいなボタンのついているヤツにしようかしら。というようなことを店頭で考えているうちに、便器を欲しいという願望が発芽した鼻の穴とは反対の穴から何かが侵入し、脳内でみるみるうちに繁茂して行くことに気がついた。

それは、水道水で尻を洗うのは果たして善なのだろうか、という問いだった。

ツアーでいろいろな国へ行ったことがあるけれども、場所によっては水道水はおろかシャワーの水さえも口に入れるべからず、と注意をされる国があった。

思い起こせば、井戸水にすら恵まれず、片道何十キロの道のりを少年少女たちが徒歩で水汲みに出かける、なんてことが日課になっているような地域を特集したテレビ番組を観たこともある。

ところが、珈琲の回でも書いたけれど、日本のほとんどの地域は水に恵まれていて、インフラが充実している。自然と人間社会の恩恵を授かって、我々はたっぷりと湯を溜めた風呂に入ったり、流しそうめんをしたり、ガーデニングをしたりしている。挙げ句の果てには飲料水で尻を洗っている。

自分がサンタだったらどうだろうか。飲むことができる水で尻を洗うことを善だと考えるだろうか。空飛ぶトナカイとソリに乗り、遠く極東の島国にやって来て、寝静まった子どもの枕元に置いてある小さな靴下に温水洗浄便座の先っちょをグリグリと無理やり押し込むだろうか。

はっきりと、答えは否であろう。

だから、善は急げ、などと思った俺は大馬鹿野郎なのであって、贅沢を通り越して悪事である可能性もある温水洗浄便座の設置については、物ごとの本質や、後々に背負うことになるカルマに至るまで熟考してから行動に移すべきだったのだ。飲料水で尻を洗うなど、仏罰や神罰の対象に決まっている。

気がつくと電気屋は荒廃していた。

店員が掃除機のホースを振り回しながら客に殴りかかり、全自動洗濯機や冷蔵庫などの巨大家電のＡＩが暴走して、ガッパンガッパンと通行人を飲み込んでいた。壁に掛けられたいくつかの高級温水洗浄便座からは、キラキラと黄金に輝く丸ハゲの爺さんが顔を出し、干からびながら四方八方にビームを放射していた。

そうした幻覚に抗いながら、自転車でコールド・ブレイン・スタジオに戻った。

気がつくとスタジオの長椅子で寝ていた。

俺は思い直して、温水洗浄便座の設置ではなく、ギターやボーカルの録音ブースを作ろうと決意したのだった。

長椅子の脚の下には、寝ぼけたまま脱ぎ散らかした靴下が転がっていた。

コールド・ブレイン・スタジオには録音用のブースがない。

そう書くとアジカンのメガネのスタジオはスタジオとは名ばかりで、四方の壁が崩れて開けっ放しになったアバラ家のような建物の一角を不法に占拠してスタジオと称し、近隣に騒音被害を与えているのではないか、という疑惑を持つ人がいるかもしれない。

誤解を解くために言葉を重ねれば、コールドブレインは四方が開けっ放しにならない地下物件である。そして、何らかの手抜きや怠惰の象徴として録音ブースを作らなかったのではなく、敢えて作らなかったのだ。

コンピューターの処理速度と音楽制作ソフトの発展は目覚ましい。大きなギターアンプを自室に持ち込まずとも、オーディオ・インターフェイスと呼ばれる小さな機器にケーブルを直接差し込んで、楽器の演奏が録音できるようになった。

ギターアンプが要らないだなんて嘘をつけ、貸した金を返せ、失った青春を返せと憤慨する元ギター・キッズもいるだろうから加えて解説すると、最近では様々な種類のギターアンプやスピーカー、マイク、音響的な処理をするエフェクターなどがパソコンの内部で精密に再現されるようになった。仮想のスタジオがパソコン内に立ち上がって、下手にマイクを立てるよりもいい音で録音することができるのだ。

こうしたコンピューター技術の発達を受けて、ブースなんて古いじゃん、逆に面倒じゃんと考え、ギターアンプの類を一切使わないで録音を行なう一派もある。

けれども、俺はそうしたパソコンだけで何でもやれるじゃん派の一員としてブースの設置を拒んだわけではなかった。簡単に言うと、我がスタジオにおいては費用と効果のバランスが悪いと考えたのだった。

録音ブースは、音の編集や調整をするための部屋と、楽器や声などの音をマイクで収録する部屋を分けるために存在している。

編集や調整を行なう部屋はコントロール・ルームと呼ばれていて、そこではバンドの演奏中もリアルタイムでいろいろな機材の操作が行なわれる。そして、「ドラムの音は饂飩で言うならば大阪風ではなく讃岐《さぬき》風のコシのある感じにしたい」だとか、「さっきの音はソースにマヨネーズを混ぜた感じがしてくどい」というような会話が同時になされているのだ。ときどき屁をこく者もいる。

一方で、録音ブースとコントロール・ルームが一体になっているスタジオで同じことをしようとすると、録音に対するディスカッションがギターアンプやドラムスからの爆音にかき消されて、話し合った形跡のない支離滅裂な音源が出来上がったり、「あそこのフレーズ、ダサくね？」というような演奏者に対するディス、エンジニアやスタッフの放屁やイビキ、咳払いの音などが演奏と一緒に録音されたり、様々なトラブルが発生してしまう。

そうなるとアジカンのメガネの関わった音源には屁の音が入っている、メンバー同士の罵り合いがギターに混じって聞こえてくる、ということになって、最初のうちは話題になったとしても、徐々に仕事が減ってしまうだろう。

それではまずいので、やっぱり録音ブースを設置しよう。と焦って工務店に電話をしてはいけない。

なぜなら、コールドブレインは俺の個人的な作業場であるため、己の演奏や歌唱を己で録音するワンオペを基本としているからだ。

ワンオペで録音を行なう場合には、もちろん誰とも話をしない。そこそこの音量で鳴っているギターアンプの音を打ち消すほどの独り言は言わないし、歌いながらまったく別のことを喋るというような奇特な能力を身につけてもいない。屁は我慢できる。よって不必要な音がうっかり録音される可能性が低い。

これだけ書けば、コールドブレインに録音ブースは要らないのだなと納得してもらえると思う。

さらに付け加えるならば、ワンオペは録音ブースとの相性が悪かった。

例えば、歌の録音をする場合、マウスやキーボードにタッチして録音をスタートさせる。ボーカル用のマイクはパソコンの近くに設置して、身体を少しずらせば歌の録音ができるような体勢を整える必要がある。歌手とエンジニアの二役をこなすには、この方法が効率的なのだ。

ところが、録音ブースで歌うということになると、画面上の録音のボタンをクリックしてからブースに向かって歩き、防音の扉を開いてブースに入り、マイクがドアの開閉による風圧で痛まないように扉をゆっくりと閉め、ヘッドフォンをしてマイクの前に立つことになる。この間に十秒くらいの時間を要するので、マイクの前に辿り着く間にイントロが終わってしまう曲もある。

とすれば、俺は歌の録音を始めるより、まずは俊敏な肉体の獲得を目指さないといけなくなるだろう。当然、ジムに通ったり、栄養士に食事の指導を受けたり、アスリートのような生活を強いられる。そうして鍛え上げれば、いずれ三秒くらいでブースの中まで行けるようになるかもしれないが、肉体改造にかかる費用のことを考えると暗く冷たい気持ちになる。

早く自作の歌の録音に取り掛かりたい。けれども、楽曲のスタートから歌のはじまりまで四秒しかない。現在の体力では、どうやっても一秒くらい遅れてしまう。というか、四秒の壁をもう半年も破れないでいる。昨日は四秒八三だった。なんとか歌い出しに間に合いたい。歌い切ってアルバムを完成させたい。そのためには今日もジム、明日もジム、合間にプールへ行き、朝昼晩と鶏の笹身だけを食べ、あまり美味しくないプロテインを飲まねばならない。その繰り返しにはうんざりだ。ここまで来るのに三年もかかった。そうこうしている間にバンドのメンバーは怒っていなくなってしまった。なんてことだ。畜生。

という感じで、脳が凍りつくだけでは済まずに、収入が激減してスタジオは閉鎖に追い込まれるだろう。

かくして、録音用のブースは設置されなかった。

幸運にもコールドブレインは角ばった「9」のような形であるため、右下の柄のようなスペースにギターアンプを設置し、仮想ブースのように使用することもできた。よって、不便を感じることが少なかった。

ところが、どういうわけかプロデュースの仕事が増え、複数のミュージシャンやスタッフたちと作業をする機会も増えた。「屁の音が録れちゃう問題」が再燃するのは当然の成り行きだった。何より、演奏の録音中に息を潜める必要があったり、リアルタイムで良し悪しについてのディスカッションができなかったりするのは、バンドのような形態で行なう録音には不向きだった。

というわけで、俺は意を決してスタジオの設計と施工を行なっている会社に連絡し、録音ブース設置の見積もりを取った。別途で必要になるジムや笹身の代金を考えると気が重かったけれど、これから一緒に仕事をするバンドたちのためには、一刻も早い工事が必要だった。

担当者と話し合い、角ばった「9」の字の柄の部分の根元に防音壁と防音扉を設置してスタジオを「口」と「I」に分離し、「I」の部分を録音ブースに改造することにした。

「I」の壁面は簡易的な録音用にブースに使うような吸音素材を使用していた。そのため工事はスムースに行なわれ、工賃も抑えることができた。

さて、次はジムに通わなければならない。バンドとの作業が増えても、ワンオペ仕事がなくなるわけではないからだ。俊敏性を手に入れなければ、イントロの長い曲しか作れなくなってしまう。

毎日食べる大量の笹身についても思案が必要だろう。業務用に大量販売している会社を見つけて購入するのが割安だろうか。もしくは、俺のスポンサーになりたいという養鶏所や精肉店を探す必要があるのかもしれない。

俺は新しい生活に対する不安で一杯になり、心が押しつぶされそうだった。

けれども、風呂に浸かってよく考えてみると、歌のワンオペ録音は今まで通り、ブースを使わずにパソコンの近くで行なえばいいだけのことだった。

ラルラルラー。

録音ブースが完成する前と同じ方法で、俺は高らかに自分の歌声の録音を行なった。急速に心身の緊張が解けたためか、必要以上に滑らかに歌うことができた。

同時に尻から吐息のような安堵が漏れ出た。

何らかの音が鳴ったような手応えというか尻応えがあったけれど、朗らかな歌声にかき消されて、不思議と雑音が録音されることはなかった。

6

プロ技くんvs.キューちゃん

録音ブースが完成し、コールド・ブレインはいよいよ本格的にスタジオらしくなった。

これまでは、個人用のスタジオであることが心のどこかに引っかかって、友人知人には「自作の作業場」と案内していた。ところが、ブースが完成したことによって、複数のミュージシャンやスタッフを迎えての作業も容易になり、音楽活動の現場としての説得力がグンと増したように感じられた。

こうしてグレードの上がったスタジオを「作業場」と呼ぶと、場というかスペースに礼を欠いているような気分になる。何より、必要以上に卑下したり、卑屈に振舞ったりすると心地が悪い。そうした心理も手伝って、俺はコールドブレインを「自分のスタジオ」と他人に紹介するようになった。

呼び名というのはとても大事である。

平社員と係長の違いや、単なるアルバイト店員とアルバイトリーダーの違いについて考えてもらえばわかるだろう。

同じアルバイト店員であっても、リーダーという称号を得るだけで印象が大分違って来る。時給にはそれほどの差がなくても、リーダーと呼ばれた者はリーダーという言葉の響きに祝福され、なんとなくリーダーを経て本当のリーダーになってしまう場合が多い。商品の発注を任される者もいる。

この点は係長についても然りで、管理職になって残業代がごっそりカットされたとしても、ひとつの係を任せられている係長という称号そのものに言祝《ことほ》がれて、収入減を銀河系の果てまで投げ飛ばすパワーを得るように思う。そうしたパワーが課長、さらには部長への道筋を開いてゆくのかもしれない。

ところが、素直に役職名の正のエネルギーを取り込まずに、「いやいや、リーダーっつってもバイトなんで。時給変わんないんで」みたいな自虐を繰り返したり、「係長って言っても、学校のいきもの係みたいな感じで、薄給の窓際族ですよ」みたいなジョークを言ったりしていると、自分が吐いた言葉によって呪われてしまう。現状維持は可能であっても、環境を好転させる機会を少しずつ逃してゆくだろう。言葉や名前は己の精神や内面的なエネルギーに大きな影響を与えるので、気をつけねばならないのだ。

また、言葉や名前に集う外的なエネルギーについても注意が必要だ。

ドイツ製の高級外車に乗りながら、「僕のところは国産車なんで」と偽って人付き合いをしていた人が、ひょんなことから仲間内のツーリングに参加する羽目になったらどうなるだろうか。端的に嫌なヤツだと思われるだろう。逆恨みされて、ギザギザの硬貨で車体に傷をつけられるような被害に遭うかもしれない。

こうしたことを書くと、最初から「高級外車に乗っています」と言い回っているヤツこそが嫌なヤツなのではないか、真っ先に愛車に十円パンチを食らうのではないかと、夜行性の猿のように目を輝かせて憤怒する人があるかもしれないが、それは間違っている。

なぜならば、卑下するでもなく、自慢するでもなく、フラットな気持ちで「高級外車に乗っている」と話せる人は、高級外車に乗っていることを話しても大丈夫な場所やコミュニティに自然と導かれるからだ。

例えば、阪神のユニフォームを着た軍団の中にひとりでジャイアンツのユニフォームを着て混ざると、むちゃくちゃ居心地が悪い。甲子園球場ならば、殴られる前にレフト側に移動しよう、みたいな感じで、人間は場に対する居心地の悪さを解決しようとする。居心地に対する感覚を養い、それに従って行けば、人間は座るべき場所に着席できるようになるのだ。敏感な巨人ファンは甲子園のライトスタンドではなく、ビッグエッグのライトスタンドに座っている。

作業場ではなくスタジオである。そう言い切ることで、作業場の陰鬱な音片付けのような作業ではなく、スタジオで立派な録音をしたい人たちが俺の周りに集まり、プロデュースの仕事も増えてゆくはずだった。

ところが、未だ胸を張ってスタジオだとは言い切れないところがあった。

多くのスタジオでは、『Pro Tools《プロツールス》』という録音編集ソフトを使って、ミュージシャンたちの演奏をハードディスクに記録している。演奏の録音と編集に長けたソフトで、「プロ用品」という尊大な名前に負けることなく、世界中のプロたちに愛用されている。

一方で、コールドブレインでは『Cubase』というソフトを使用していた。何塁打なのかよく分からない名前を訝《いぶか》しむ人もいるかもしれないが、こちらも世界的な音楽制作ソフトウェアで、多くのミュージシャンが使用している。もちろん、高性能だ。

では、どうして胸を張らないのか。胸を張れよ。前半部で偉そうに「卑下するな」と綴っていたではないか。主張と実態が分裂しているぜ。メガネを折るぞ、この野郎。といった叱咤や激励を俺に投げかけたい人もいるだろう。

解決しなければいけないのは、ふたつのソフトのファイル共有の問題だった。

前述した通り、多くのスタジオでは『Pro Tools』、俺が呼ぶところの「プロ技くん」というソフトで録音編集がなされている。「プロ技くん」で録音された楽曲のファイルは「プロ技くん」でしか開くことができない。外のスタジオで録音した楽曲をコールドブレインで編集する場合には、それぞれの楽器の音を単独の音源ファイルで書き出し、『Cubase』で読み込む必要があった。

これがどれくらい面倒くさいかと言うと、一〇〇枚の写真を同時に編集できるソフトで一〇〇枚の画像を一枚ずつ書き出し、別のソフトで取り込んでから一〇〇枚を正しい順序で並べ直す、みたいな感じなのだ。それなりの作業時間を要する。

多くのエンジニアたちが『Cubase』、俺が呼ぶところの「キューちゃん」の使い方を知らないということも懸案だった。優秀なエンジニアをコールドブレインに招いたとしても、「キューちゃんの使い方、わかんないんスよね」と苦笑いされるばかりなのだ。

スペースと防音の問題で、コールドブレインではドラムの録音ができない。それは賃貸契約をする際からわかっていたことなので仕方がない。生演奏のドラムの音が必要な場合には、外部の大きなスタジオをレンタルして、「プロ技くん」を使ってドラムやベースの録音を行なうことになる。

ロックバンドなどをプロデュースする機会が増えれば、「プロ技くん」に触れる機会も増えるに決まっていた。

もちろん、何らかの音楽的な作業を付け加える場合には、「プロ技くん」で録音した音をそれぞれ書き出して持ち帰り、「キューちゃん」で読み込まなければならない。さらには、コールドブレインで作業した後に、変更のあった楽器や歌の音源ファイルをすべて書き出し、「プロ技くん」でミックスを行なうエンジニアに納品する必要がある。

想像するだけで恐ろしかった。

「プロ技くん」と「キューちゃん」を行ったり来たりする膨大なファイルの読み書きの時間で、俺の音楽人生は食いつぶされてしまうかもしれない。そんな恐怖にかられて、脳はギリギリと凍りついて行くのだった。

買やぁいいじゃないだか。と、楽観的な静岡県民は思うかもしれない。

けれども、「プロ技くん」は自らプロ用品だと名乗るソフトウェアだけあって、「キューちゃん」の一〇倍くらいの価格なのだ。

値段とは別に「キューちゃん」と「プロ技くん」には長所と短所があった。

簡単に言えば、「キューちゃん」は何から何まで個人的なスペースで行なうことに長けていた。パソコンの内部でリオのカーニバルを完全再現できるみたいな機能を持っていて、地球の真裏まで行かずとも、たった一人で仮装のお祭り空間を再現できるような音楽ソフトなのだ。自宅で行なうデモ音源の制作にはうってつけで、長らく愛用していた。

「プロ技くん」はといえば、リオのカーニバルに行って現場の熱狂を収録し、編集して誰かに伝えることに特化したような音楽ソフトだと言える。ベッドルームでの妄想をコンピューター内の仮想スタジオで実現する「キューちゃん」に比べて、制作環境を整えるのにお金がかかる。

自分のソロアルバムであれば、妄想のカーニバルを実現するだけでいい。

けれども、バンドの人たちが妄想するカーニバルは共同幻想みたいな性質なので、それぞれの妄想を物理的な音像として現場で再現しない限り、メンバー同士で共有する術がない。それぞれのカーニバルを身体と楽器で発露させ、合奏しながら「俺とお前のカーニバル」に落とし込んで行く。従って、どこかのスタジオに集まって、実際にバンド全員でカーニバルを行なう必要があるのだ。

というわけで、バンドでの録音作業は「プロ技くん」との相性がいい。

「プロ技くん」もそうしたアドバンテージと圧倒的なシェアを背景に、高圧的だとも評される価格をキープしていた。

というわけで、バカヤロー。クソ高いけど買うしかねえじゃねえか、ダボハゼ。

言葉には不思議な力があって、それを俺たちは言霊《ことだま》と呼んでいる。

こうしたスピリチュアルなことを書くと、スピってますね、という回転数の少ない鈍い直球のような言葉を投げつけて、霊的なエネルギーを信じる俺を馬鹿にする人たちが集まるのかな、と思いきや、あらゆるネット記事に「エビデンスを出せ」とセミ海老のような平たい顔をして定型文を連呼している人たちも、割と言霊はあるよね的なスタンスであることに驚く。

言葉の不思議な力を信じないまま方々で暴言を吐いていると、暴言によって呪いたい相手ではなく、真っ先に自分自身が呪われてしまう。こうした感覚は、もしかすると日本人に広く共有されているのではないだろうか。

例えば、圧倒的な市場占有率によって高価格をキープしている音楽ソフトに対して、「ダボハゼ」なる呪詛を送り続けるとどうなるか。音楽ソフト会社が自分たちの高圧的な商売を改めるほどの効果はないのに、送り手であるロックミュージシャン自身が誰より呪われて、ダボハゼのような顔になってしまう。

当然、近所の人たちからは半魚のような容姿を気味悪がられたり、回覧板が回ってこなくなったり、場合によっては村八分のような状況に追いやられたりして、河口付近や運河などの汽水域の水中への移住を余儀なくされるだろう。

あれ、塩《しょ》っぱいな、海の水かなと思ったらいけね、おいら泣いてらぁ、みたいな感じでドボドボと無遠慮に川の中へ入って行くと、今度はハゼたちが水中で怒り狂っていた。

「私たちのことをダボハゼと呼ぶのはやめてほしい」

そうした真っ直ぐな主張を掲げて、様々なハゼたちが押し寄せ、半魚である俺はハゼの側には混ぜてもらえなかった。確かに彼らの主張は正しい。多種多様なハゼたちをダボハゼという言葉でまとめ、そこにネガティブなフィーリングを付け加えて呪詛として使用していたのだから、怒るのは無理もない。

ところが、俺としては、このまま村に戻るわけにはいかなかった。

もとの住居に戻りたくても、長い間住んでいた木造家屋は村人たちの焼き討ちにあって跡形もなく、奇怪な蔓《つる》植物が繁茂する荒地に変わり果てていた。

仕方がないので、河口付近の波消《なみけ》しブロックの隙間に住みつくことにした。主食は釣り客たちが忘れていったオキアミ。人が来れば海中に忍び、ハゼたちが通りかかると陸にあがるような生活だった。フナムシのような節足動物との諍《いさか》いが絶えなかったが、元の村に戻るよりはマシだった。

ところが、こうした生活も長くは続かない。海の中では急進的なハゼたちが自警団を結成して、「人間ハゼは出て行け」と大声をあげるようになり、ここには書けないような差別的な言葉も浴びせられるようになった。

ハゼのなかには魚権派という一派もいて、「顔面がハゼである以上、彼にも基本的魚権を認めるべきだ」と擁護してくれたけれど、昨今のハゼ釣りブームで仲間を失ったハゼたちの憤りが人間全体に向けられて、ハゼ社会には排外的な空気が充満していた。干潮時に相談に乗ってくれていた「半魚見守り隊」の人たちの姿も、次第に見かけなくなっていった。

ハゼ顔のまま、腹ばいで人間界に戻った。

そして、元は魚屋の水槽置場だったというコールド・ブレイン・スタジオの片隅で、ブルブルと震えながら、エラ呼吸をして静かに過ごした。

いつまでたっても割り引かれる様子のない「プロ技くん」のことを考えると、脳がキリキリと音を立てて凍ってしまいそうだった。


そうした状況から俺を救ってくれたのは、若手エンジニアKであった。

Kは作業中に城や戦国大名などがビッシリと掲載されている雑誌を盗み読む変わったヤツだが、機材に詳しく、録音技術に対する高い研究心と向上心を持っていた。

ところが、あまりにも強い向上心が体内で単独活動しているらしく、三秒前に録音した俺のお気に入りの音色をKの向上心がKの脳に「改善せよ」と勝手に命じてしまう。だから、Kは向上心に支配されて、ひっきりなしに機材の設定を変えてしまうのだ。やめてくれと懇願するまで、向上心による独善的な調整が続いた。ほとんど落ち着きのない小学生、もしくは泳ぐのをやめると死ぬマグロのようでもあった。

また、録音機材のアップデートも常に行なわないと死ぬらしく、Kは会うたびに新しいマイクやプリアンプ、プラグインなどを購入していた。

そんなKに「プロ技くん」の導入を相談したところ、自前のスタジオの機材をアップデートし続けているうちに余った機材がいくつかあり、下取りに出さないと死ぬところだったので安価で譲っても良い、とのことだった。

ありがたい話だったので、「プロ技くん」用の機材を買い取ったついでに録音機材のコーディネートをKに頼むことにした。

機材にまつわる様々な悩みを相談するうちに、俺の顔面のハゼ感はみるみる薄れていった。すると不思議なもので、運河の底に沈殿したヘドロのような精神も浄化されて、快活に外洋を泳ぎまわりたいというような心境になるのだった。

「プロ技くん」が不当に高価であるという思い込みが俺の不平不満に火をつけ、その不平不満が負のエネルギーとして燃え上がり、次第にライフスタイルや精神を侵食して俺は顔面ハゼの半魚になった。ほとんどの妖怪人間はこうして、身のうちに生じたネガティブなエネルギーの暴走によって生まれるのだろう。

ところが、マグロのような精神でもって「プロ技くん」のことを考えてみるとどうだろう。太平洋や大西洋の広さに比べればあまりに些細だし、地中海と比べても取り上げるに値しない小さな問題のように思えた。

そんなことよりも、もっと大きなことを考えないといけないと俺はマグロ顔で考えるようになった。

連綿と続くロック史について思いを馳せれば、極東の島国のうらぶれた弁当屋の地下階は、辺境のなかの辺境、誰も近づかない洞穴か何かのように感じてしまう。数十年も昔ならば、確かに辺境の洞穴だったかもしれない。

だが、時代は変わった。

以前ならば、レコードをプレスしたり、CDを作ったりするのはレコード会社の仕事で、当然ながら、音源化するかどうかの判断はレコード会社が下していた。それすなわち権力だった。また、各レコード会社にも経済力や宣伝力によって序列があったように思う。そこが洞穴かどうかは私たちが決める、と言われたら目を剝いて反論したいけれど、レコード制作において最初に玉石を仕分けるのは彼らだった。

インターネットが登場し、音楽ソフトが安価になり、音楽を収録するメディアとしてレコードやCDを選ぶ必要がなくなった。レコード会社に選ばれなくても、自由に世の中に作品を発表できるようになったのだ。本当に革命的な変化だ。

現在では、ありとあらゆる洞穴の出口が、そのまま豪奢なレッドカーペットにつながる可能性を持っている。

ということは、洞穴をどうせ洞穴だからと卑下して、安価で質の低い機材を買い集めてはいけないということだ。作った音楽の行き先が無限であることを思うと、預金残高とは関係のない藪から棒な意欲が漲ってくるのだった。

俺はKと相談して、コールドブレインにミキシング・コンソールを導入することに決めた。

マグロのような顔をして、ふたりで代理店や楽器屋を巡った。

俺とエンジニアK。二匹のマグロ男たちは半開きの口のまま、ダラダラと涎を垂らして当て所《ど》なく楽器屋街を巡り、山手線を内回りと外回りにそれぞれ二十八周した。そして、Suicaが割れるまで総武線に乗った。

それでも目当てのミキシング・コンソールは見つからず、終《つい》には精も根も尽き果てて鬼のような形相になり、コンソールはいねがー、コンソールはいねがー、と異形のコンソール探しの鬼神、コンソールなまはげと化して店頭に押しかけ、関係者に恐れられた。

携帯電話が普及していなかった二十年前ならいざ知らず、現在では様々なソーシャル・ネットワーキング・サービスを使って連絡を取り合うことができる。一億総文春砲、異端者を即座に発見して密告する相互監視システムが社会的に完成しているのだ。

そうした時代にあって、コンソールなまはげたちがゲリラ的に楽器店を急襲し、掘り出し物的なコンソールを発見するのは難しい。店員たちは楽器店の経営に悪影響がないよう、インターネットを駆使してコンソールなまはげの居所を察知し、到着する前に店を閉めた。俺たちはマグロ顔のまま、閉じられたシャッターの前で途方に暮れた。途方に暮れながらも、止まると死んでしまうので都心を泳ぎ続けた。悲しい日々だった。終わりなき遠洋漁業だった。あるいは、釣り針を忘れた延縄漁《はえなわりょう》だと形容する者もあっただろう。みるみる痩せ細った。身体だけでなく精神も痩せ細り、荒廃した。真冬のオホーツク海で流氷漬けにでもなったような気分だった。もう出荷されて酢飯と一緒に握られてもいい、そんな無気力マグロだった。

などという文章を鵜呑みにしてはいけない。

なぜか。

出鱈目《でたらめ》だからだ。

深い海でほとんど運動せず、ブヨブヨの水ぶくれのような鱈顔で発した戯言だからだ。

マグロ男たちは確かに、マグロほどのサイズの脳しか持っていなかったけれど、タイヤを付けたら自走するのではないかというほど高価なミキシング・コンソールが、そこらの楽器店に置かれていないことくらいは知っていた。

では、マグロ男たちは何をしたのか。輸入代理店にアポイントを取ったのだった。ほとんどのミキシング・コンソールは外国製で、輸入と販売、アフターサービスなどを引き受ける代理店が存在するのだ。

ミキシング・コンソールとはなんぞや、と脳が凍りついている人もいるかもしれないので、ここで簡単に説明しようと思う。

ミキシング・コンソールは複数の音声信号を同時に取り扱うことができる、やり手の音ブローカーだと考えてほしい。「ミキちゃん」と呼んで擬人化すると飲み込みやすいので、ここからはミキちゃんと呼んで書き進めることにする。

俺たちが探しているミキちゃんは敏腕ブローカーで、例えば、音の取引用に一六の部屋を自社物件として抱えている。そして、各部屋にプリちゃん（八七頁参照）を従えている。プリちゃんにはマイクという名前の彼氏がそれぞれ在って、こいつらが音を集めてくる。プリちゃんはマイクに音の大きさを指示したり、エネルギーを供給したりして、彼らを使って様々な音を集める。マイクなしで楽器から直接回収することもある。そして、プリちゃんは各部屋で集めた音をミキちゃんに渡す仕来《しきた》りになっている。

ミキちゃんは、一六の部屋から集められた音たちを場合によっては電気的に加工し、スピーカーや録音機器にまとめて送ったり、いくつかのグループに分けたり、バラバラのまま演奏者に送り返したりと、ブローカーとして様々な音のやり取りを仲介する。ミキちゃんなしでは全体の音のバランスが整わない。彼女は楽曲制作時の頭脳と呼ぶべき、とても重要な役割を担《にな》っているのだ。

仲介役としてのミキちゃん的な機能は「プロ技くん」にも備えられている。それならどうして改めてミキちゃんを購入し設置するのか、バカなのか、と詰問したい人がいるかもしれない。けれども、アニメのキャラクターとキッスはできない、みたいな問題を我々は常に抱えている。

コンピューターの画面のなかの、バーチャルな存在としてのミキちゃんではなく、実際にズシリとした身体を持って俺たちのミキちゃんがそこに居れば、当然、ミキちゃんのいろいろなところを摘《つま》んだり、捻ったりして音を加工することができる。愛するあまり添い寝をしたり、酷い憎しみの果てにハンマーで打ち壊したりすることもできる。信号が入って出て行くところを直接的に目撃することはできないけれど、メーターが振れるので、音がそこにあることを感じられる。

一方で画面のなかのバーチャル・ミキちゃんは、二次元に留まって立体化することがない。従って摘んだり捻ったりもできず、スマホのゲームアプリでガチャをやり倒したときのような悲しみが時折湧き上がってくるのだ。

あるけれども、ない。ないけれども、ある。そうした問いをあざ笑うかのように、仮想ミキちゃんは誰の画面でも平然と同じ顔をしている。どんなに恋い焦がれようとも触ることができない。

俺だけのミキちゃん、私だけのミキ様。あるいはミキティ。自分だけしか持っていない何かを望むことは、創作に関わるものとして正しい欲望なのではないかと思う。

ユニークな機材にしか出せないユニークな音が存在する。ミュージシャンの想像力だけではなく、機材やテクノロジーが担う創造性もあるのだ。

そうした理由から、俺とKは日本のスタジオにはあまり置いていないタイプのミキちゃんを探すことにしたのだった。

とはいえ、予算の問題が二匹のマグロ男の前に立ちはだかるのだった。もはや泳ぎ続けることは不可能だった。みるみる顔が鰐化した。

ビンテージの機材が欲しい。アメリカのナッシュビルあたりの音楽都市に出かけて、マイケル・ジャクソンのように好きな機材をバンバン買ってみたい。数千万円のミキシング・コンソールをスタジオの真ん中に設置したい。お菓子の家みたいな感じの、コンソールの家を建ててみたい。そうした夢を実現するためには数百万枚のアルバムを売り上げる必要があるだろう。

もちろん、アルバムがガバガバ売れる時代ではない。また、そんな大金は元から持っていない。

よって、ケチでもなく無駄遣いでもない、微妙なラインを誠実に貫く買い物を俺たちは計画せねばならなかった。

代理店を巡りながらKと相談して、購入するコンソールのメーカーを絞った。「二部」みたいな名前の伝説的な爺さんが作ったR社、以前にロサンゼルスのスタジオで見かけたアメリカのA社、レニー・クラヴィッツが絡んでいるらしいというT社だった。価格ではT社が段違いに安く、R社とA社は本体に様々なパーツを組み合わせて購入する必要があり、全てを買い揃えると予算をオーバーすることがわかった。

簡単に乗り換えられない機材なだけに迷った。頼りにしていたKは途中から自分が買う場合のシミュレーションを脳内で始めたらしく、始めたからには続けないと死ぬ性分が復活してマグロ顔に戻ったので放っておいた。

それとは別に、Kには何らかの機材を試しに使ってみたいと思ったら実際に使ってみないと死んでしまうという性質もあったので、それが厄介だった。似た性能の別商品がいくつかあった場合、自分が使ったことのない機材を俺に薦めるという悪癖があったのだ。

それもこれもKの向上心が勝手にやっていることなので、向上心を憎んで人を憎まず、ときどきムカつきもしたけれど殴ったりはしなかった。

自分で決める以外に方法がなかった。これまでの失敗のすべてを思い出しながら、失敗してもいいから後悔しないようにしようと思った。平凡な決意だった。

というわけで、俺はA社のミキシング・コンソールを代理店に注文したのだった。予算をはるかにオーバーしたけれど、清々しい気持ちだった。脳は凍るでもなく、溶けるでもなく、いい感じの、脳らしい柔らかさで脳だった。

スタジオに長らく放置してあった鏡を覗き込むと、久しぶりに半魚ではない俺が立っていた。不意にカニかまぼこが食べたくなった。

パンクロックなカニかまぼこ

カニなのか、かまぼこなのか、と問われれば、はっきりと「かまぼこである」と答えるべき存在のカニかまぼこは、ネーミングと形状からカニの一派であるかのように思い込んでしまう人が多いだろう。

ところが、日本農林規格では、長らく「風味かまぼこ（かに風味）」の類であった。俺はカニかまぼこからカニの風味を感じたことがなく、むしろそのカニの足の剝き身然とした見た目から、カニかまぼこを「カニに擬態したかまぼこ」だと認知していた。原材料がカニではなく魚なのだから、カニの味がするわけがない。お前は魚のすり身だ。チクワの従兄弟だ。そう思って生きてきた。

元来、俺はカニがあまり好きではない。

札幌や北陸など、カニの名産地である地域にツアーで出かけた際、居酒屋などで嬉々としてカニを注文し、ここが一番美味いんだよね的な感想を述べながらカニ味噌に日本酒を流し込んで、甲羅を盃代わりにして啜りあげる仲間を見るのが辛かった。何より、自分が進んで食べないカニ料理が高価であるために、自分の支払い分が不当に多い気がして不快だった。

カニ許すまじ。

だからこそ、カニかまぼこと名乗りながらカニではない、そうした食べ物がこの世に存在することが痛快だと思っていた。パンクロックを標榜しながら、まったくパンク的なところがなく、むしろパンクロックの形骸化を逆手《さかて》に取って概念の破壊に挑戦する、みたいな、一周回ってむしろパンク、むしろカニの足、みたいな、言った側から意味がわからなくなるような魅力を感じていた。

パンク的な存在としてのカニかまぼこにカニエキスを添加する必要はないだろう。正真正銘の紛《まが》い物としてのカニ、イミテーション・カニとして全力で海外に輸出されてほしい。どこかの国の国民食になったり、カニエ・ウェストが好んで食べたりするかもしれない。

そんなことを考えながら日々の活動に勤しんでいたところ、唐突にA社のコンソールが届いた。16チャンネルのコンソールは四人家族のダイニングテーブルほどの大きさで、想像に違《たが》わぬ重量感だった。

ダイニングテーブルほどの大きさのコンソールを設置するためには、その重さに耐えられる大きさのダイニングテーブルが必要だ。

よし。家具屋へ出かけて、大きなテーブルを買うぜ。

とか言いながら、焦って目黒通りのお洒落家具屋巡りを始めてはいけない。IKEAやニトリに出かけるなどもってのほかである。

なぜならば、そうした家具店では、A社のコンソールの重量に耐えられるだけのダイニングテーブルを手に入れることが難しいからだ。

百歩譲って、IKEAで北欧の頑丈なダイニングテーブルが手に入り、コールドブレインで組み立てたとしよう。もちろん、卓上にA社のコンソールを設置する。予定通り、俺は様々なバンドとの作業を始めるだろう。最初のうちは順調だ。ところが、ある日、若手のミュージシャンが唐突に「このテーブル、食卓ですよね。IKEAで売ってるの見たッス。笑」と俺に語りかける。別のメンバーは「マジで。この上で飯食えるじゃないスかー。笑」と反応する。ふたりの言葉や態度には当然、嘲笑のようなニュアンスが含まれている。

そして、この若者たちは以後、俺に助言などを一切求めず、前後不覚に陥るような楽曲を完成させるに決まっている。そして、「あのメガネのおじさん、スッゲー高いコンソールを普通の食卓に載せててマジウケるんだけど」的な流言で俺の評判を地に落とすのだ。

入念に設備投資を行なってきたスタジオにたったひとつの代用品を設置しただけで、このような失墜が起きてしまうのだから恐ろしい。スタジオの機材や環境に「食」が闖入《ちんにゅう》したときの滑稽さは、以前に書いた高級マイクと漬物用タッパーの例に戻るまでもないだろう。混ぜるな危険ということだ。

スタジオ閉鎖や廃業の危機を避けるために、俺は中目黒の家具屋や量販店に行くのではなく、コールドブレインの内装設計を担当した会社に連絡を取り、コンソールや電源、様々な機材が収まるような音楽用デスクを注文したのだった。

つまり、コンソールに先立って特注のデスクが届いていた。

ならば話が早い。

コンソールは特注の作業用デスクの然るべきスペースに設置された。コンプレッサーやプリアンプ、電源やオーディオ・インターフェースなどの機材もはめ込まれ、ネジで固定された。収まるべきところに収まるべき機材が収まった特注デスクは、悪を治めるべく結成された戦隊にどこかの業者が納めたロボットのコックピットのような荘厳さがあった。各方面に収まり過ぎていて怖かった。

後日、Kの手によって、コンソールの計器の調整が行なわれた。こういう場合のKはとても心強い。早速、調整しないと死ぬモードが発動して、コンソールは所定の音量で正しくメーターが作動するように整備された。

とても清々しい気分だった。

魚屋の水槽の跡地であるジメジメとした物件を借りてから約五年。繁茂したカビや虫害といった脳が凍りつくようなトラブルを乗り越え、地道にアップデートを重ねて、コールド・ブレイン・スタジオはゆっくりとプロユースのスタジオとしての機能を高めてきた。16チャンネルのミキシング・コンソールの設置は、ひとつの成功と呼べるだろう。

録音物の制作はお金がかかる。そこでスタジオのレンタル代を安く抑えたいけれど、安いスタジオには安いなりの理由があるし、制作費を抑えるために録音スタジオにかける経費を出し渋ってゆくと、金銭が回らずに閉鎖されるスタジオが増えてしまう。

コールドブレインは自前のスタジオなので、基本的にレンタル代がかからない。ギターや歌の録音を思う存分に行なうことができ、かつ、浮いたお金をドラム録音のためのスタジオ代に回すことができる。

それぞれの音を、その音に相応しい場所で録音する。言葉にしてしまえばシンプルだが、録音芸術の本質はこれに尽きるのではないかと思う。

コンピューターとソフトウェアの登場は音楽にとって革命的な出来ごとだった。同時にカニかまぼこ的な、と言うよりは「風味かまぼこ（かに風味）」的なあれこれの登場に一役買った。カニではないカニの足を嬉々として食べ、それが普通に美味しいという時代を俺たちは生きている。

風味かまぼこのなかから本格的な何かが登場し、それ自体がある種の新しい象徴を担うことで大衆音楽は新陳代謝を繰り返しているが、スタジオも含めて、その場所でしかできないこと、その機材でしかできないことの重要性もまた、多くのミュージシャンが感じ続けていることではないだろうか。

もっとも、その人にしかできないことまで遡れば、カニでもかまぼこでも、捕まえたり拵えたりした人の個性も大事なんじゃないの、と言えるかもしれない。そうした視点に立ち戻って考えると、アナログ機材の個体差や、それを支えている人たちの技術が複雑に絡み合う個の集合体としての音楽、人とモノの複雑な関連が編み上げる関係性の表出としての音楽にこそ、特別な美しさが宿るのではないかと思う。

久々にスーパーでカニかまぼこを買った。

縦に裂きながらチビチビと食べても、根元近くまで齧り付くように食べても、カニかまぼこはカニとは別の食品として美味しかった。もはや、背の部分が赤く着色されている意味がよくわからないと思った。

はっきり言えば、カニへの尊敬がカニかまぼこの進化を阻害している。カニの足では表すことのできない別の美味しさを持っているにもかかわらず、カニ性に拘泥《こうでい》しているのではないかと思う。もうカニのことは忘れて、新しいかまぼことして、胸を張って進んで行くべきではないか。そんなことをスーパーの駐車場で考えた。

同時に、自宅に戻ってからカニかまぼこを開封するべきだったと思った。主婦たちの視線が痛かった。

調味液でベトベトになった手でスマートフォンを開くと、Kからのメールが届いていた。文面を見るに、スタジオの音響チューニングをしないと死んでしまう病に侵されている様子だった。

コールドブレインのアップデートは無限に続いて行くのだろう。
昨日より進歩したい。そうした思いは生きることに似ている。
これからの散財について考えると、急に頭蓋の奥底が冷たくなった。

あとがき

唐突に音楽がやりたいという気持ちが湧き上がり、質屋で様々なパーツを寄せ集めたジャンク品のギターを衝動買いしてから二十年も経ってしまった。

その後、数年の地下活動と就職活動、からの営業職、無職、フリーターを経て、なんとか音楽が生業になった。映画だったら、やったねデビューしたね、みたいな場面でエンドロールが流れて、観客たちはさわやかな気分で日々の生活に戻って行くのだろう。俺の役は佐藤健あたりが適任だろうか。

ところが、実生活は続く。もちろん、佐藤健顔で生きることは叶わず、俺はなんとも冴えない目や鼻などのパーツを寄せ集めて、丸ごと苦難のような顔をぶら下げながら、映画のエンドロール後の人生を終わりが来るまで続けなければならない。

もちろん、はじめてしまった生業も、やったねよかったねだけでは済まされず、仕事にしたからこその悩みがひっきりなしにスクリーンに現れて、全然消えて行かないのでエンドロールが文字だらけになってしまう。

様々な青年的な葛藤を経て、経て、経て、皮を剝いてヘタを取って、中から出てきた中年男性を鍋に入れて煮、冷蔵庫で粗熱を取ってから冷凍し、しばらくしてから取り出して皿に盛り付けたのがコールド・ブレイン・スタジオであり、本書である。とか言うと、わけがわからないかもしれない。

が、この本はれっきとした音楽書であり、スタジオ作りにまつわる冒険譚《たん》でもある。

とかなんとか言いながら、俺は今日もまたスタジオの音響について悩んでいる。良い音楽を作りたいと思ったそばから、良い音楽とは何かという根源的な問いが押し寄せてくる。問いの理非曲直や楽曲の美醜とは無関係に電気代や家賃の請求書と振込用紙が送られてくる。

そうした鋭角に鈍角に届く日々のあれやこれやを上手に統合できぬまま、気合いだけでエイヤと何もかもをブチ抜いて到達したのは、スタジオの音響設備って大事よね、という事実だった。それを最後に書きたい。

それはまたしてもKによってもたらされたのだった。

音響マグロと化したKはルームチューニングをしないと死ぬという病に罹患《りかん》していた。Kのマグロ訛りの魚語を翻訳すれば、「日本のスタジオの多くは音響設備が悪く、音が飽和してしまっていてまともなミックスができない」とのことだった。

「ついてはスタジオで詳しく説明したい」という連絡がKからあったので、仕方なくKのスタジオに出向いた。

少し前まではマグロのような顔をしていたKは、全身の魚感がすっかり衰え、魚類というよりは海老などの甲殻類のような顔になっており、ひっきりなしにスタジオの壁面を改造していた。休むことのない作業によって、Kのスタジオの壁は拾ってきたイソギンチャクや海藻などをトッピングしたヤドカリの貝殻のようになっていた。

試しに様々なアーティストの楽曲を聞かせてもらうと、どういうわけか音の聴こえ方が違った。各曲のミックスにおける音の配置がクリアに認識でき、普段は聴こえないような低い音を感じることができたのだ。それは、はじめてメガネをかけたときの感覚と似ていた。

それ以来、俺は海老のような顔をして、スタジオの音響設備を整えている。そして、その奥の深さに戦慄している。

音響は部屋の造りでほとんど決まってしまう。どれほど高価な機材を揃えても、部屋の造りが悪ければ能力が発揮されない。

例えば、低音の解像度が自慢のスピーカーを買っても、部屋の壁に反射する音を調整しなければ、全方位から波が押し寄せるような環境になってしまう。そんな部屋で音楽を聴けばどうなるか。音の波で溺れ死ぬに決まっている。

Kが壁面をひっきりなしに改造していたのはこのためで、スタジオの壁に反射する音や構造体が吸収してしまう音を調整しなければ、そもそもスピーカーから鳴っている音を正しく確認できないのだ。

甲殻類に例えるならば、体格にあった殻が必要だということだ。

伊勢海老が脱皮による外殻の拡張を行なわなかったらどうなるだろうか。自らのプリプリの肉が殻を外側に向かって押し広げ、いずれは何らかの破裂音と共に殻が破けて、ウツボやクロダイのような魚類の餌と化すに決まっている。

そうならないために伊勢海老はプリプリすることをやめて、質実剛健をさらに通り越したコンパクトな筋肉の獲得を選択するだろう。小型の硬い殻に合わせた小さく身の少ない海老として、磯辺の外道《げどう》として、卸売市場などで疎《うと》まれる存在に成り果てるはずだ。

と思っていたら、それが逆に良いんですよね、という人たちが現れて愛好される。ニッチな産業として成立する。脱皮のコストを考えたらむしろこっちのほうが商売的にもおいしいという業者が増えて、隙間産業が少しずつ拡大して行く。気がつけばカリカリ伊勢海老はブームになって、かつてプリプリだったことは忘れられてしまった。プリプリだった過去を不都合だと思う勢力によって伊勢海老史は塗り替えられて、かつてはプリプリだったという事実もさることながら、プリプリした質感そのものを忘れてしまった。

ということが音楽だけでなく、社会のあらゆる分野で起こっている。

というのは俺の妄言かもしれないが、半分くらいは事実ではなかろうかと思う。

かろうじて、音楽がプリプリだった頃の技術とプリプリへの感受性がミュージシャンやリスナーの体内に残っている。様々なアナログ機材のなかにも宿っている。壁面の吸音拡散パネルにも宿っている。

これは過去からのバトンだろう。

魚顔で、甲殻類のような姿で、魚屋の水槽を氷漬けにしてでも、未来に手渡さなければいけないと俺は思っている。

それでもコールド・ブレイン・スタジオはいつか朽ち果てて、その役割を終える。

賃貸物件なので、俺が死んだ後には家族から迷惑物件として疎まれ、まずは賃貸契約が解除されるだろう。そして、孫なのか曾孫なのか、玄孫《やしゃご》なのか、そもそも子孫がいるのかいないのかは神のみぞ知ることだけれど、管財人の手によって様々な機材は処分される。オークションなどで売られる場合には、マニアたちの手によってそれなりの金額でそれなりの職業の人たちの手に渡るが、最悪の場合には粗大ゴミとして一括で廃棄される可能性もある。まだ使えるものがあっても、だ。

それならもうなんでもいいや、と捨て鉢な気持ちにはなれないのは、俺がこの時代に全力で生きているからで、ひとまず次世代のことは端に置いて、自分が打ち震えるような音楽を作りたいという欲望が俺の俺たるところの真ん中に据え置かれているからだ。

その欲望というか、都合よく書き換えれば意志というか、そういう内面的なエネルギーに楽器や機材などが吸い寄せられてガシガシと合体し、人体のような形をして生命のように振舞っている、というのがスタジオの本来的な姿で、エネルギーの供給が絶たれれば全てのパーツが地面にドンガラガッシャンと落ちて、モノの山に戻ってしまう。

凍りつくほどに悲しいことだ。

まあでも、死んだ後のことばかりを気にしながら、お金でもモノでも、必死に何かを貯め込むのはむなしい。将来の世代に遺伝子以外の何かを手渡したいというのは人間しか持たない非動植物的な感情だろうけれど、そういった感情もひっくるめて、もっと大きな、生物的な性質に回収される。つうか、死んじゃう。

あとがきになって急にシリアスじゃん、みたいな驚きが書いている俺にもある。当然、読んでいる人も戸惑っているだろう。

書いちゃったんだから、仕方がない。

スタジオの端に置かれた姿見には今日も短足で髭面の男が丸写しになって、せっせと何やら作業をしている。

地下物件なので、相変わらず空気は冷んやりとして。

（了）

本書は、「みんなのミシマガジン」（mishimaga.com）に「凍った脳みそ」と題して二〇一六年四月から二〇一八年三月まで連載されたものを再構成し、加筆・修正を加えたものです。

装画・章扉画　和田ラヂヲ
装丁　名久井直子

後藤正文（ごとう・まさふみ）

1976年静岡県生まれ。日本のロックバンド・ASIAN KUNG-FU GENERATIONのボーカル&ギターを担当し、ほとんどの楽曲の作詞・作曲を手がける。ソロでは「Gotch」名義で活動。また、新しい時代とこれからの社会を考える新聞『THE FUTURE TIMES』の編集長を務める。レーベル「only in dreams」主宰。著書に『何度でもオールライトと歌え』（ミシマ社）、『YOROZU 妄想の民俗史』（ロッキング・オン）、『ゴッチ語録 決定版』（ちくま文庫）がある。本書の舞台「コールド・ブレイン・スタジオ」でレコーディングやミックスの大半を行なった、アジカンのニュー・アルバム『ホームタウン』が2018年12月にリリース予定。

凍った脳みそ

二〇一八年十一月四日　初版第一刷発行
二〇一八年十一月二十六日　初版第三刷発行

著者　後藤正文
発行者　三島邦弘
発行所　㈱ミシマ社
郵便番号一五二-〇〇三五
東京都目黒区自由が丘二-六-一三
電話　〇三(三七二四)五六一六
FAX　〇三(三七二四)五六一八
e-mail hatena@mishimasha.com
URL http://www.mishimasha.com/
振替　〇〇一六〇-一-三七二九七六

印刷・製本　㈱シナノ
組版　㈲エヴリ・シンク

ISBN978-4-909394-14-9